JINRI ZHONGGUO
YUJU SHIDA MINGDAN
ZHUANLUE

今日中国豫剧十大名旦传略

雷桂华 编著

河南大学出版社

图书在版编目(CIP)数据

今日中国豫剧十大名旦传略/雷桂华编著. —开封:河南大学出版社,2011. 1(2013. 12 重印)

ISBN 978-7-5649-0371-8

Ⅰ. ①今… Ⅱ. ①雷… Ⅲ. ①豫剧—艺术家—列传—中国 Ⅳ. ①K825. 78

中国版本图书馆 CIP 数据核字(2011)第 015091 号

策　　划 王四朋
责任编辑 郭先芳
责任校对 徐秀荣　谢　冰
封面设计 王四朋

出版发行 河南大学出版社
地址:河南省开封市明伦街 85 号　　邮编:475001
电话:0378-2825001(营销部)　　网址:www. hupress. com

排　版 郑州市今日文教印制有限公司
印　刷 郑州市今日文教印制有限公司
版　次 2011 年 1 月第 1 版　　**印　次** 2013 年 12 月第 2 次印刷
开　本 787mm × 1092mm　1/16　　**印　张** 12
字　数 208 千字　　**定　价** 25. 00 元

(本书如有印装质量问题,请与河南大学出版社营销部联系调换)

目 录

序 一 春风化雨柳色新 …… 1
序 二 让豫剧艺术真正繁荣起来 …… 3

张宝英 崔派艺术薪火传 …… 1
王清芬 一路风雨一路歌 …… 18
虎美玲 常派虎韵一大家 …… 34
牛淑贤 豫剧北派金凤凰 …… 55
李喜华 阎派弟子荆楚梅 …… 70
菅爱梅 文武双全花木兰 …… 77
朱巧云 汴京豫苑一明珠 …… 89
李金枝 春华秋实笑东风 …… 108
陈淑敏 军旅之花二度梅 …… 121
马 莉 煤城菊坛豫剧花 …… 133
胡小凤 凤舞长空舒广袖 …… 148
章 兰 梅花齐鲁二度红 …… 164

后 记 缘分 …… 178

序一

春风化雨柳色新

葛纪谦

2010年，河南文艺界有着太多的感动。7月22日，河南省委书记卢展工到省直文化单位调研并发表了重要讲话；其后，宇通公司等企业先后给文艺界捐款，注入了戏剧发展的新鲜血液；12月9日，中共河南省委、河南省人民政府又对获得全国性文艺大奖的个人进行了奖励，真可谓喜事连连，春风扑面。

如今，2011年带着暖暖的春意迈着矫健的步伐前来报到。抚今忆昔，回顾河南文艺界领导和文艺工作者，改革开放以来的一路征程，真是一路春风一路歌，洒向人间都是爱。

豫剧是河南的一张名片，在全国十六个省市都有豫剧团体。豫剧界曾出现很多流派，不管是生旦净丑，均有名家。在旦角方面，1980年，举行了豫剧流派会演，产生了豫剧“五大名旦”，她们是常香玉、陈素真、马金凤、崔兰田、阎立品五位大师，还有一位在河北未参加流派会演的豫剧大师桑振君，她们对豫剧做出的巨大贡献有口皆碑。1993年，又举办了“今日中国豫剧十大名旦”选拔赛，以期在中青年中推出一批优秀的旦角演员。

这次活动是经中华人民共和国文化部批准，由中共河南省委宣传部、中国艺术研究院、新华社河南分社、河南省文化厅、河南省戏剧家协会主办，河南新闻发展公司、河南省艺术研究所具体承办。来自九个省、区的近百名豫剧旦角演员参加了为期长达八个多月的比赛。组委会共收到数千封群众来信。在充分听取群众意见的基础上，最终以评委会对每位演员计分多少，确定了12名金奖、8名提名奖和10名优秀表演奖得主。为了表彰豫剧老艺术家的贡献，组委会还授予了常香玉、陈素真、崔兰田、马金凤、阎立品五位著名表演艺术家“中国豫剧名旦功勋杯”。

1994年4月12日，在中州影剧院举行了“’93今日中国豫剧十大名旦选拔赛”颁奖会，获得“’93今日中国豫剧十大名旦”金奖的有：张宝英、王清芬、虎美玲、牛淑贤、李喜华、菅爱梅、朱巧云、李金枝、陈淑敏、马莉、胡小凤、章兰。张世英、韩劲草、刘玉洁等省领导同志在颁奖会上给十大名旦颁奖，并观看了文艺晚会，我当时任省委宣传部常务副部长，在颁奖会上讲了话，新华社河南分社社长赵德润主持了颁奖会。

日月如梭，从那时到现在，时间过去了十六年。十六年来我们的国家经济建设和文化艺术事业都发生了巨大的变化，而这些十大名旦的金奖获得者，情况如何呢？河南大学出版社特意邀请了我省著名传记作家雷桂华老师对她们进行了深度采访，了解到她们被评为十大名旦后，继续奋力向前，在艺术造诣、豫剧事业上都取得了骄人的成绩，令人敬佩！她们中有的宝刀不老，成为了非物质文化遗产的豫剧传承人（如张宝英、虎美玲）；有的获得了中国戏剧演员的最高奖——梅花奖（如王清芬、虎美玲、朱巧云、李金枝、陈淑敏、章兰、李喜华）；有的还获得了二度梅（如陈淑敏、章兰）。这本书记录了她们的艺术人生奋斗的历程，给热爱文艺事业，特别是热爱豫剧事业发展的广大人民群众以有益的启示。

河南大学出版社为了充实农家书屋，向广大农民朋友特地推出了《今日中国豫剧十大名旦传略》一书，以活跃农村文化生活。卢展工书记说，文化是根，文化是魂，文化是力，文化是效，文化是社会进步的重要力量，是推动经济社会持续发展的动力和活力。当今时代，一部好的文学作品，会对社会产生潜移默化的影响。衷心希望河南大学出版社能够出版更多的深受农民朋友们欢迎的书籍，为启迪人们的心灵，推动河南的文化艺术事业发展和繁荣做出更大的贡献。

写于2011年1月

（作者系中共河南省委宣传部原常务副部长）

序二

让豫剧艺术真正繁荣起来

郭志华

四月里，春风荡漾，暖意融融。经中华人民共和国文化部批准，由中共河南省委宣传部、中国艺术研究院、新华社河南分社、河南省文化厅、河南省戏剧家协会主办，河南新闻发展公司、河南省艺术研究所具体承办的“’93今日中国豫剧十大名旦选拔赛”在这宜人的季节里揭晓了。

追忆豫剧发展的历史，我们怎能忘记她所经历的曲曲折折、坎坎坷坷……

回想豫剧先辈们的辉煌造就，怎能忘记，他们呕心沥血所付出的辛辛苦苦……

今天，当我们幸运地、自豪地站在历史的肩头，开拓豫剧艺术事业未来的时候，我们又怎能忘记，那许许多多为豫剧艺术事业的发展出过力、流过汗、有过牺牲、做过奉献，或声名显赫、或默默无闻的剧坛先辈们、同仁们。

流水不腐，户枢不蠹。我们深信，具有悠久历史和光荣传统的中国戏曲艺术事业，一定会有美好的前程。但是，我们也应当认识到，每一项事业的发展、前进都需要有及时、得力的措施、手段，给予促进、加以推动，戏曲艺术事业的发展更不例外。今天，我们正处在时代的交接点上，发展繁荣戏曲艺术的重任无可推卸地落在了我们身上。背负辉煌的历史，放眼无限的前程，我们在充满信心、充满希望的同时，还要正确地理解、看待我们所面临的客观现实。当前，由于各种各样的原因，戏曲艺术仍处在困境之中，危机的阴影笼罩着我们——体制置后，运行滞呆，好剧目鲜见，队伍失散，观众流失……曾几何时，剧场门前的那种喧闹、热烈，表演团体、演艺人员的那种轻松、优越、潇洒，这一切似过眼云烟，已飘逝而去，大有一去不复返之势；剧坛同仁，殚精竭虑，奔走呼号，亦有背水一战、尽力一搏之势。客观现实清楚地告诉人们，戏曲面临的是一场革命，是一场激烈的斗争，是一场残酷的竞争。究竟鹿死谁手，决定权必在强者一方，在有为者一方，在敢为者一方。

志在一搏，实力一搏。这应当是我们应有的精神。

精诚所至，金石为开。这应当是我们应有的信念。

透过“'93今日中国豫剧十大名旦选拔赛”这一活动，我们或许会得到一些启示，看到一些希望的曙光。

选拔赛消息传开，剧坛同仁为之振奋，为之诧异。赞同者有之，反对者有之，提建议说意见者有之，一时间议论纷纷。八个月的选拔赛过程，展示给了我们这样一幕幕生动感人的情景：

报名参赛者自全国各地、四面八方而来。其中，既有久负盛名的大家，也有小有名气的新秀，就连初露荷尖的“小演员”也踊跃报名，欲试锋芒。有的外省演员，不顾千里山水之阻隔，亲自来到大赛办公室，送材料，问信息，有的多次打来电话，了解情况，投报姓名。据说，身在海峡彼岸的台湾豫剧旦角同行，因得到消息晚，未能参赛，还感到遗憾不已。台湾“豫剧皇太后”张岫云女士，得知选拔赛结果即将揭晓的消息后，亲临郑州，欲参加颁奖晚会，一睹今日中国大陆豫剧十大名旦新风采（后因故未能到场）。

社会各界，尤其是企业界的有识之士，为能给选拔赛活动做些贡献而引以自豪，于是乎支持者慷慨解囊，以资相助。

广大戏曲爱好者、豫剧观众，为有此欣赏豫剧旦角精采表演之良机，大为欣喜。许多人看罢现场演出、电视播放的现场录像，纷纷给大赛组委会来信，对这项活动表示热情支持，同时，推荐自己喜爱的豫剧旦角演员。数千封观众来信，表达了数千颗、数万颗对豫剧艺术事业关心、爱护、支持的热心、爱心，表达了观众们的一个共同的心愿——希望豫剧艺术繁荣昌盛、兴旺发达。

前几年，在一浪高过一浪的炒星热潮中，有些单位真可谓大展了一番身手。可是炒来炒去，炒热炒红的大多是港台通俗歌手。当这些外观包装十分讲究，内容实在缺少货真价实“玩艺儿”的“红星们”，个个拎着鼓鼓囊囊的腰包扬长而去的时候，内地观众的胃口早已被搅和得不知艺中滋味了。就在这样一种缺乏档次的文化氛围中，我们民族的高雅艺术、传统优秀艺术却被逼得几乎无立锥之地了。可叹的是，在这种盲目的、盲从的炒星热潮中，在这块土地上流传已久的、深受人民喜爱的民族优秀传统艺术——豫剧，受尽了冷落和遗忘。

为了宏扬民族优秀传统文化，振兴戏曲艺术事业，“'93今日中国豫剧十大名旦选拔赛”擂响了开场的锣鼓。不少致力于推动民族优秀传统艺术发展繁荣的新闻宣传部门，以极大的热情，纷纷给予了有力的支持。有的报刊多次刊登消息、文章；电台、电视台录音录像，并反复播放。新闻界朋友们的这种支持、这种对民族传统艺术积极相助的态度，同样表明了一点，希望豫剧事业兴旺发达、繁荣昌盛。

参赛演员是选拔赛的主体，是中心，是这场“戏”的主角。她们是怎样对待比赛的呢？

显然，比赛的最终结果，只能是少数演员摘取桂冠，这是众所周知的。然而，仍然有那么多的演员报名参加，有的还是名不见经传的“小演员”。她们为什么要做这种少有把握的事儿呢？据说，不少演员在报名时就表示了态度，不在于得奖，而在于参与。繁荣戏曲，振兴豫剧，仅靠一两个活动，选出10个名旦、20个名旦、50个名旦也是难以彻底实现的。我们在组织活动、选拔名旦的同时，需要的还有一种精神，一种敬业、爱业、守业的精神，一种对事业矢志不渝的忠诚态度。事实上，比赛也只是一个途径，一种手段。目的不仅仅是选出几个人，更广泛、更深层的意义还在于以此鼓舞更多的有志者，为这个事业继续奋斗，继续拼搏。

当然，据笔者所知，参加这次选拔赛的演员，绝大多数是抱着将自己的艺术实践、艺术成就，在这样一个难得的机会，向观众作一汇报，和同行进行交流、切磋。这种虚心学习、公平竞争、相互交流、切磋技艺、共同提高的融洽气氛、团结精神，在此次选拔赛中体现得非常突出。

选拔赛的帷幕终于降下来了，金光闪闪的奖杯各归其主。如果我们将上述这些现象作以梳理，进而作些思考的话，结论会是什么呢？我想，无需我再赘言了。

实事求是地说，进入决赛的不少演员，在表演和唱腔上的造诣，确实达到了较高的水平和层次，甚至具有历史性的突破和创新。现场观看决赛，给人的感觉的确是今日豫剧旦角艺术的新风采。但是，从参赛的剧目来看，却有不少是老艺术家们传授下来的。纵观整个选拔赛的演出，给人的总体印象是，继承的比例较大，而创新相对少些。这一点，如果是从继承优秀传统艺术的角度来看，是很有价值和意义的。但是，从十大名旦选拔赛的高规格、严肃性角度来衡量，就不能不视为是一种缺憾了。也许这是一个历史性的原因，短时间内靠哪一个人或团体是无法解决的，只有留待于今后了。行文到此，我猛然想到了选拔赛组委会主任、省委宣传部常务副部长葛纪谦在颁奖会上讲过的几句意味深长的话：我国豫剧艺术的振兴与发展还有很长的路要走，繁荣是一个宏伟的目标，希望全国豫剧界的同仁，进一步振奋精神，积极探索，努力拼搏，为建设有中国特色的社会主义文艺事业做出自己新的贡献。

让我们携起手来，团结一致，把豫剧艺术事业推向新的繁荣！

（作者系河南省委宣传部文艺处副处长）

张宝英

崔派艺术薪火传

艺术小传

个人概况：

张宝英，女，汉族，1940年12月生，河南省长葛市老城东关人。国家一级演员，崔派优秀传人，著名豫剧表演艺术家，“今日中国豫剧十大名旦”金奖得主，河南省艺术研究院特邀研究员，中国戏剧家协会会员，中国戏曲学会理事，河南省戏剧家协会副主席，安阳市戏剧家协会主席，河南省优秀专家，国家有突出贡献的专家，第七届全国政协委员，河南省第五届人大代表，全国“三八”红旗手，河南省文化系统先进工作者，全国文化系统先进工作者。她先后任安阳市豫剧一团副团长，安阳市豫剧团团长，河南省安阳文化艺术学校名誉校长。

获奖情况：

1959年，参加河南省第二届戏曲会演，在《游龟山》中饰胡凤莲，荣获优秀演员奖；

1985年，参加河南省第一届戏剧大赛，主演《秦香莲后传》，荣获演员一等奖；

1987年，以五万六千多张选票的绝对优势，荣获四省十四市豫剧中青年演员广播大奖赛第一名；

1988年，参加全国豫剧演员电视大奖赛，荣获最佳演员奖；

1990年，参加河南省第三届戏剧大赛，主演《寻儿记》，荣获演员特别荣誉奖；

1991年，参加全国《梨园杯》豫剧广播大赛，荣获金奖第一名；

1991 年，荣获第三届“香玉杯”艺术奖第一名；

1993 年，荣获“今日中国豫剧十大名旦”选拔赛金奖第一名。

代表剧目：

《秦香莲》、《秦香莲后传》、《寻儿记》、《包青天》、《卖苗郎》、《三哭殿》、《对花枪》、《桃花庵》、《陈三两爬堂》等。

艺术特色：

张宝英师承崔兰田老师，但又有自己的嗓音特色，她的唱腔圆润，韵味浓郁，表演细腻含蓄，真切动人。在继承前人的基础上，勇于博采众长，兼容并蓄，形成了自己独特的风格。

艺术人生

一、宁死也要学戏

1940 年，张宝英出生在河南省长葛县一个朴实的农民家庭。长葛是个“戏窝子”，张宝英耳濡目染，自然也成了一个小戏迷。那时家在长葛

张宝英在《三哭殿》中饰银屏公主

1956 年张宝英（右）与同学合影

乡下，只要听说哪里庙会唱戏，不管多远，她都会跑去看，没有大道就抄小道，没少翻墙钻洞。有一次，她被卡在狗洞里，出不去退不回，正在嚎哭时，小伙伴吓道："你爹剁腿来了。"她浑身一哆嗦，居然钻过去了。疯跑的次数一多，家人不愿意了。一天，母亲让她捻线，她拿着线穗子又跑去看戏，半夜，蹑手蹑脚进屋，母亲虎着脸说："干啥去了?""看戏去了。"父亲勃然大怒，霍霍地磨起了砍刀，对着昏黄的煤油灯光吹了吹刀锋："死妮子，今天你给个回答，要看戏，先剁掉你的腿，要保腿，就老老实实地呆在家里干活，你自己挑。"可怜一个八、九岁的小妮，还能有啥选择？她屈服了，戏看得少了。

12 岁时，父亲在田里干活，和一个乡邻说："孩子的事我当家，只要咱两家大人愿意，孩子们不用管她。"在田埂干活的宝英人小鬼大，觉得这对自己不利，就回家学给母亲听。母亲找到还在田头的父亲，掷地有声地抗争道："孩他爹，我 9 岁当童养媳，14 岁圆房，在你张家受了一辈子的罪。我不能让闺女走我的路，我闺女的事我当家。"母亲说到做到，宝英刚刚 13 岁，就被母亲送到长葛县当封烟工，逃脱了童养媳的命运轮回。

当了工人，原本与戏无缘分了，没想到厂工会领导看到张宝英热爱唱歌唱戏，就安排她到县大众剧团学习唱歌、演戏、排节目。张宝英喜爱豫剧，尤其喜爱崔兰田演出的悲剧。每当她在广播里听到崔兰田演唱的《三上轿》、《秦香莲》，心里便暗暗盘算，如果自己能到崔兰田身边学戏，将来也当个受观众欢迎的名演员该有多好哇。听说安阳市人民豫剧团在郑州演出，著名演员崔兰田老师还要考试招收学员，张宝英心动了。

回家征求意见，本家叔伯说："丢咱张家的人，啥干不了，非唱戏，一辈子入不了老坟。"母亲说："人家说你只能学成戏混子，学也学不出来。"张宝英铁了心说："不让我学戏，我就去死。"母亲咬咬牙说："好，我宁愿家里顿顿红薯饭，也卖了麦子给你凑路费上郑州。不过丑话说在前，你要学成了可以回来看我；要学成戏混子，你就是死在外面，也不要回来。"

顶着这么大的压力，宝英进了郑州，不料竟考上了，从此成了崔兰田剧团学员队的一名学员。

二、名师精心育高徒

崔兰田是"著名悲剧演员"，人称"豫剧程砚秋"，在几十年的艺术生涯中，创造了一系列生动传神的艺术形象，发展和提高了豫剧旦角的演唱艺术，形成了一个具有独特风格的艺术流派，世称"崔派"。与常香玉、陈素真、马金凤、阎立品并称为豫剧五大名旦，成为豫剧五大流派的代表人物之一。崔兰田唱腔深沉浑厚，含蓄蕴藉，韵味悠长，同时融汇秦腔、曲剧、河北梆子、京昆等姊妹剧种的音调，唱腔旋律丰富多彩，低回婉转，尤其是特有的鼻腔音和高低腔对比的演唱方法，幽咽低回，音域宽广。崔兰田嗓子宽、净，演唱时用大嗓，擅将韵尾收入鼻腔进行烘托，行家将其演唱总结为"气不粗、字不撞、音不逼、声不暴，缠绵悱恻，打动人心"，表演形"静"而实动。她那鲜明的艺术特色和令人叹服的艺术魅力，一直为广大的戏曲爱好者所喜爱。张宝英能成为崔兰田的弟子实属幸运，连她本人

1959 年张宝英在《蝴蝶杯》中饰胡凤莲

也不敢奢望。

1955年，张宝英考入安阳豫剧团，被分在学员队，她如饥似渴地学习着。谁知和同伴们一比，她的天赋条件并不好，能唱，却是个大嗓门，俗称“月白腔”。这对她能不能学成戏，能不能吃“唱戏”这碗饭，是个严重的考验。她暗下决心，天天坚持练功，文武功都练。剧团有演出，场场用心看，认真学。后来，虽说也演了几个折子戏，能唱能翻，大家反映也不错；但是，在同学们中间却不是个出类拔萃者。1958年，学生队排演现代戏《朝阳沟》，领导觉得张宝英长相和气质与剧中人银环比较接近，便让她试一试。她很用功，凭着一股钻劲，起早贪黑地苦炼，终于完成了银环这一唱、做并重的角色创造。崔兰田几次留心细看，比较满意，便鼓励她：“通过这个戏，好好锻炼锻炼吧！”一句话把张宝英的心说得热乎乎的。也许是天赐良机，她受到了崔兰田的赏识。于是，又把她调到大班，在崔兰田身边工作，从此后，张宝英就常常问这问那，“打破砂锅问到底”，回到宿舍后就比比划划反复练习。这个从农村来的姑娘，看起来有点“笨”，但崔兰田却喜欢她的老实和勤奋，便有意地培养她，让她在《朝阳沟》里扮演银环，崔兰田扮演拴保娘。这是她第一次与崔兰田同台演出。独具慧眼的崔兰田十分喜欢这位肯钻研、一天到晚都穿着练功衣、走路靠着墙跟的农村姑娘。说：“你这嗓子不行，我教给你唱腔试试看。”崔兰田先从唱念起步，一字一板地教，张宝英便像描红临帖一样学着模仿着。半年以后，她的唱腔、用嗓有了大的进步，崔兰田说：“好，你的身上有可琢磨的东西了。”1959年，张宝英从学员队毕业了，在毕业仪式上，与郭惠兰一起正式拜崔兰田为师。

1959年张宝英在《桃花庵》中饰窦氏

1959 年张宝英（中）在《蝴蝶杯》中饰胡凤莲

一个好的老师，对一个演员的成长进步关系极大，起着过河搭桥的作用。没有这个“搭桥人”，要想成才是很不容易的。崔兰田很会给学生“搭桥”，她认为，万丈高楼平地起，学生打基础很重要，地基打得牢，楼才盖得高。她先给张宝英教有唱有做的《游龟山·投衙》一折，一句一句说，一段一段教，学好一段，演一段，直到张宝英学会为止。接着，又教《藏舟》，排《游龟山》全本。七八月份的大热天，手把手教，百教不厌。

崔兰田不但台下“传”，而且台上“带”，1960 年安阳豫剧团巡回演出到郑州剧院时，准备上演《洪湖赤卫队》，当时崔兰田老师也仅仅 30 岁出头，饰演女主角韩英，不管是年龄还是艺术，都是最佳人选，而崔老师却决定启用才 19 岁的张宝英，自己饰演配角韩母，团里其他同志担心说：“观众是奔着崔兰田三个字来看戏的，这样观众会不会退票？”崔老师说：“只要我上场，就算名符其实，搭着我的名声，亮出宝英的实力，我们这个剧团就后继有人了，不能我演到 50 多岁，才推宝英演出，那时我老了，宝英这一代演员也误了。”张宝英不负老师的信任，连演20多场，场场爆满，演出效果极佳。张宝英第一次在省会展示自己的艺术才华。

张宝英在《桃花庵》中饰窦氏

崔老师具有深思远虑的战略眼光。她对张宝英教戏特别认真，比如排演《桃花庵》，崔兰田对角色陈妙常的一招一式，一眼一睨，亲自示范，一丝不苟，张宝英也努力学习着崔兰田的一腔一调，一举一动。为了让张宝英接戏，有时，崔兰田和张宝英同饰一个角色，崔兰田第一天演出，先让张宝英唱第一场戏，剩下的戏崔兰田演；第二天，让宝英演一、二场；第三天，让宝英演一、二、三场。一个星期下来，全部让宝英演出，慢慢的张宝英就沿袭着她的风格演出了崔派的水平。正当张宝英努力汲取着老师的艺术营养时，崔老师却对张宝英当头棒喝：“宝英，你学我，但不能跟我一样。齐白石先生说：‘学我者生，似我者死’。你必须给自己定位，才能破茧成蛾。比如，我们的嗓子不一样，我的嗓子宽、浑厚，你的嗓子窄、气量小；我的声带生来宽，高音区不用假腔，你在高音区非用假腔不行。你要练小声，真假声糅合在一起。你要科学地用嗓、用气，学习我用嗓用气的方法，不能纯粹模仿嗓音。”崔兰田就拿《游龟山·投衙》这一折，来一字一句地教她科学用嗓的方法。几十年坚持下来，虽同是崔派唱法，崔兰田最擅长鼻腔共鸣，

张宝英在《英姬夫人》中饰英姬夫人

最高音区是高音5，而张宝英最擅长的却是假声鼻腔共鸣，高音区达到高音6，既保留住了崔派的优势，又有了自己的特点。

崔兰田老师胸襟开阔，1960年她把张宝英送到了陕西戏曲研究院，让她跟以表演著称的秦腔名家马兰鱼学习秦腔《游西湖》中李慧娘的表演。也就是在那次学习中，张宝英学会了嘴里喷火的秦腔绝技。一直到1964年，张宝英一直在台上表演她的这个拿手绝活儿。张宝英自豪地说："那时候，全省就我们一家能演这个喷火的戏。"1964年，在当时特殊的政治背景下，这个戏因为背负了"鬼戏"的名声，不得不停演了。

1960年，豫剧大师陈素真已经被打成了"右派"，崔兰田冒着政治风险，坚持把张宝英送到了河北邯郸东风豫剧团陈素真的门下，让她去学习陈派的经典剧目《宇宙锋》，从中学习祥符调，学习水袖表演。时值右派身份的陈素真老师说："田妹，人家都不理我，你给我送学生不怕受牵连？"崔兰田说："我不管人家怎么说，反正我没有的艺术，得让学生向你学。"陈素真深受感动，二话没说，关起门来，手把手教了张宝英三天《宇宙锋》。张宝英很快学会了这出以表演见长的陈派名剧。张宝英回去汇报演出时，喜得崔兰田老师连夸："这妮子，是化学脑瓜，学啥像啥。"

崔兰田不但在艺术上，而且在工作上教育张宝英要学会顾大局识大体。有一次，张宝英连续演出了四五天，按照规定，她可以喘口气，好好休息一下了，但剧团的个别人却开始提意见："为什么张宝英能休息？应该让她接着演。"那天中午，张宝英正在午休，崔兰田把她叫出来，说要商量一件事。崔兰田说："宝英啊，不管怎么说，工作咱不能撂那儿，咱要听党的话。老师知道你累，唱高音时你可以偷点儿懒，不用那么使劲儿，但你上台后必须要有那个精气神。"崔兰田还给张宝英做了一碗鸡蛋茶，说这个对保护嗓子很有用。张宝英二话没说，又一次站在了舞台上。

从那年开始，张宝英开始向着自己的艺术巅峰一步步迈进。崔兰田给张宝英讲龟兔赛跑的故事，告诫她要有那种不畏艰难、锲而不舍、持之以恒的精神。也正是凭着这种精神，张宝英百折不回，在艺术的道路上脚步坚实地行走了数十个春秋。

有这样精心栽培的老师，有这样踏实肯学、悟性又高的学生，自然就会结出丰硕的成果。

三、硕果累累压枝头

1960 年，是张宝英在艺术上奋飞的一年。她在上海演出《红梅记》大获好评。在郑州主演《洪湖赤卫队》（张宝英饰韩英、崔兰田饰韩母），连续22 天满场，扬名中原。在20 世纪五十年代末和六十年代初，张宝英连续在《红色的种子》、《南海长城》、《红珊瑚》、《白鹭》、《四川白毛女》、《冬去春来》、《李双双》、《芦荡火种》、《杏花营》、《山乡风云》、《社长的女儿》等现代戏和《刘三姐》、《陈三两爬堂》、《香囊记》、《三哭殿》、《桃花庵》、《游龟山》、《铡美案》等古装戏中担任主要角色。大量的艺术实践，使这位青年演员在豫剧舞台上茁壮成长，越来越引人注目。1962 年，张宝英在北京主演《香囊记》、《三哭殿》，并与老师合演《桃花庵》，博得首都文艺界和广大观众的好评，著名戏剧家田汉在《人民日报》撰文称赞她“表现了优秀的才能”，“表演颇为生动真实”。1965 年，张宝英与马金凤同台演出《打

张宝英在《寻儿记》中饰孙淑林

牌坊》，参加了中南五省现代戏会演，跻身于豫剧优秀青年演员的行列。

正当张宝英潜心钻研技艺，对未来充满希望时，“文革”的灾难不期降临了。她被扣上“修正主义的苗子”、“反动权威的学生”、“走资派的老婆”三顶大帽子。她不能演唱自己酷爱的崔派艺术声腔，在冰冷的道路上，她把对未来的憧憬埋藏在心底。

张宝英在《寻儿记》中饰孙淑林

1976年10月，一声惊雷唤醒了沉睡十年的中州大地。已近不惑之年的张宝英重新焕发了艺术青春。1979年冬，河南演出公司与香港金马影业公司合拍电影艺术片《包青天》，在九名预选者中，张宝英被选定扮演秦香莲。这部影片在国内和香港、东南亚等地放映后，风靡海内外。著名豫剧表演艺术家常香玉表扬她：“为豫剧在国内外传播增添了光彩”。

在中国戏曲上，曾经有许多名家都以自己的风格出色地创造了秦香莲的艺术形象。早在20世纪五十年代，评剧表演艺术家小白玉霜、京剧表演艺术家张君秋就先后把《秦香莲》、《铡美案》搬上了银幕。20世纪八十年代初，张宝英继他们之后又一次在电影《包青天》中把秦香莲的艺术形象呈献给观众。秦香莲这一艺术形象在群众中妇孺皆知，张宝英善于揣摩人物，善于通过优美传神的动作，如泣如诉的唱腔，把人物的情态、人物的精神面貌准确地体现出来。观众看她的演出非但不因为情节和人物熟悉而感到厌倦，相反地感到是一种艺术享受。过去，人们提到崔兰田便不由自主地学她在“抱琵琶”中演唱的“接过来这杯茶两眼泪如麻”。如今，张宝英的一曲《琵琶词》仍然使对此剧熟如家珍的广大观众潸然泪下，激动不已。还有那个“三江水洗不尽我满腹冤枉”的唱段，既有崔兰田的演唱韵味，又有张宝英自己独特的风格，给人们留下了深刻的印象。犹如人们看过新凤霞主演的《刘巧儿》之后，亲昵地称新凤霞为“刘巧儿”一样，人们看过张宝英在《包青天》中饰演的秦香莲之后，亲切地称她为“河南秦香莲”。

1980年，河南省豫剧流派会演在郑州举行。这是豫剧史上一次具有重大历史意义的盛会。豫剧各流派的代表人物，在中州舞台上展览演出各派最拿手的代表剧目。郑州四家剧院同时演出十个流派的八台好戏，不同风格的优秀剧目竞芳斗妍，各显风采。张宝英在崔兰田老师演出三场后，独挡一面，上阵主演《桃花庵》，与另外九派的优秀剧目形成“擂台”。《河南日报》以显著的版面将张宝英的名字与常（香玉）、陈（素真）、马（金凤）、阎（立品）等诸位前辈并列刊登在戏剧广告栏内。她犹如艺术桂冠上的明珠，令人瞩目。她那含蓄、典雅、大方的表演特色和真假声运用自如，高音不炸、低音不压的发声方法征服了广大观众，人们公认她不愧为“崔派艺术杰出的继承人”。

如何使传统唱腔的演唱，在新的时代里更加富有魅力，这是张宝英在《卖苗郎》中刻意追求的一个创新目标。1983年，她在崔兰田的指导下，继电影《包青天》之后，又一次与著名剧作家、导演艺术家杨兰春，戏曲音乐家王基笑合作，整理排演了崔派四大悲剧之一的《卖苗郎》。使这出多年不演的名剧，闪耀出新的光彩。在“一碗泪换来了一碗饭，为的是老公爹长寿百年”、“樵楼上三更鼓夜深人静”等诸多精彩的唱段中，张宝英根据自己的声腔特点，在保持崔派艺术精华的基础上，大胆吸收姐妹剧种的营养，创造出的新腔既有崔派神韵，又有时代气息。因此评论界说她的表演很大气，唱腔脱俗，艺术造诣很不一般。

《秦香莲后传》比较突出地显示了张宝英追求生活化的表演，把传统的表演程式与现实主义的表现方法有机地溶化在一起的特点。《秦香莲后传》的故事发生在“铡美”十八年之后。张宝英根据剧本提供的规定情境，在青衣应工的基础上，吸收老旦的表演程式，借鉴话剧舞台的表现手法，以丰富的表演语汇，成功地塑造了又一个秦香莲的艺术形象。她塑造人物不是只抓住一个概念，根据台词的表面意义去寻求动作和表情，而是注重在一招一式中体现人物的内心感情，在刻画人物中显示自己技巧上的特点。如在第三场“哭庙”中，秦香莲发现当年韩琪殉难的土地庙就是眼前的韩琪庙，压抑在心底的痛苦和愤恨，犹如咆哮的江河，猛然冲决了闸门：“进韩庙我心中浪起千层”，伴着悲壮、激昂的音乐旋律，随着“浪起”二字的甩腔，三个三百六十度的旋转舞姿，把秦香莲此刻的一腔激情宣泄无遗。接唱到“千层”二字，在一个更加高昂、激越的

张宝英在《卖苗郎》中饰刘迎春

大甩腔中，一双水袖“哗”的一声疯了似地向两侧飞舞。接着，在三声大锣的强音伴奏下，香莲手拉冬妹向恩人韩琪的塑像连续三个大幅度的跪拜，然后跪倒在供桌前。这时，台上台下一片寂静，仿佛都沉浸在悲哀之中。这种注重抒发人物内心感情，超脱单一行当的表演，表明了张宝英创造角色的艺术功力又有了新的升华。

张宝英精通崔派艺术的演唱技巧，对其他流派艺术的风格、特点也颇为熟悉。她每到一地都主动向当地的名老艺人、音乐界的名家、学者请教。她会唱地道的秦腔，演过京剧《沙家浜》，唱过歌剧《洪湖赤卫队》。她注重学习戏剧音乐理论和文学名著。她取百家之长，不是为了装饰自己，而是用以丰富、补充、营养自己，为我所用。她师承崔兰田，但不单纯地模仿老师。她突破传统的模式，按照新的审美观念，自然地运用崔派艺术的神韵和其他艺术样式的长处，展现出一种既与传统有联系，又超出传统的艺术美。张宝英十分欣赏这样一句名言：“在我奔跑的时候，我从不回头看我越过的跨栏和踢倒的跨栏，我的眼睛始终盯着前方。”她一刻不停地往前奔跑，终于换来了一季一季的艺术成果的丰收。

1959 年河南省第二届戏曲会演，她初出茅庐，便获优秀演员奖。1962 年到北京演出“三哭殿”饰银屏公主，田汉撰文在《人民日报》赞扬其“表演生动、真实，表现了优秀的才能”。1965 年与马金凤合演《打牌坊》参加中南五省现代戏会演；1979 年，她在河南省庆祝新中国成立 30 周年献礼演出《对花枪》获荣誉奖；1979 年末河南与香港合拍艺术片《包青天》饰秦香莲；1980 年演《桃花庵》，参加河南省豫剧流派会演；1985 年参加河南省首届戏剧大赛，获表演一等奖；1987 年荣获四省十四市豫剧中青年演员广播大奖赛第一名；1988 年全国豫剧电视大奖赛获最佳演员奖；1990 年华艺音像公司出版其电视剧《三进士》；1991 年获全国《梨园杯》豫剧广播大赛金奖第一名和“香玉杯”艺术奖第一名；1992 年文化部主办金三角交流演出，演出《寻儿记》获优秀表演奖；1993 年参加今日中国豫剧十大名旦选拔赛，获金奖第一名；1995 年率团赴台湾演出；1996 年随中国河南豫剧艺术团赴香港演出；1997 年随河南豫剧团赴澳门演出；1998 年率领演出团又赴台湾演出；其演唱浑厚浓郁，情真意切，表演含蓄。在继承前人的基础上勇于博采众长、兼容并蓄，形成了独特的风格。以创造性的艺术实践推动了豫剧声腔艺术的发展，出版了《豫剧表演艺术家张宝英演出剧目选》。

张宝英不愧是崔派传人，她以累累硕果发扬光大着崔派艺术，给崔派带来了荣誉。

四、安阳艺校拓荒者

1996 年，张宝英为了让年轻的演员早日站到台中间，于是离开了剧团，来到安阳艺校任副校长，开始了传承豫剧的工作。当时学校办在租用的民房中，规划的校址只是一片荒草地。到任后，校领导班子同心同德，抓学校硬件：首先，购置 32 亩土地，盖起 5 层教学楼。这期间一把手校长成了导演，她成了生活中的演员，她学会了用自己的录相带送给有关人员，让人重视学校的工作；学会在会议室前堵着计委主任，请求在会上给予立项；学校说这是用名人效益发展学校，她却感到自己走出了名演员受人推崇的光环，成了跑款要钱的“孙子”。几多苦涩，几多尴尬，几多窘迫，个中滋味谁能品尝，但她毕竟是个艺术家，常有令商人不理解的举动。那时大多艺校都有戏曲班，学生从 16 岁到 25 岁不等，一毕业就成了干部身份，干不干本行都能工作；学校有了学费的收入，能够正常运转；两者各得其所，皆大欢喜。但就是学生入校年龄大，可塑性差，不容易培养出优秀的戏曲演员。张宝英别出心裁地提出，安阳艺校办一个小班，从小培养戏曲演员，年龄规定在 9 岁到 14 岁之间。她在私人学校物色了十几个小孩，觉得很有潜质。但经过调查，这些学生家中都很穷，在私人老师家，一天只交 5 角生活费，每天啃馒头吃咸菜。她向书记兼校长的一把手冯志富同志说：“我觉得这些学生基本功扎实，培养 3 年多就能见效果。但要了这些学生，会给学校造成一定的经济困难，弄不好会跟着她们要饭。”冯校长说：“没关系，只要是人才，要饭我跟着。”此举果然有些冒险，直到毕业时交不全学费的还有 7 人。有人说，学校不是慈善机构，张宝英做校长不合适，尽做赔本生意，而年富力强的冯志富校长、唐川府副校长却坚定地支持她。小班刚办一年就见成效，进校只翻一个跟头的后来能

张宝英在《桃花庵》中饰窦氏

翻50个跟头，学生戴红莉学唱《包青天》中的秦香莲，在全省艺术类中专学校比赛中获二等奖。

有人说："宝英，你晚年要再演一个好戏，把崔派艺术发扬光大。"张宝英却说，学校的班子这么团结，人文环境这么好，学校又在冲刺文化部重点艺术学校的目标，我不能光琢磨自己的表演艺术。趁着精力还充沛，我要给戏曲毕业班再磨一磨戏，带出一批好学生，把我所掌握的崔派艺术传授下去。张宝英说艺术不是固体的，它是接力的，也是流动的，只有流动的诗才是有生命力的诗。

五、崔派艺术传承人

当年，张宝英去安阳艺校工作时曾征求过崔兰田的意见。崔兰田说："去吧，也到该教学生的时候了。"培养更多的传人，让崔派艺术在新的时代大放异彩，这是崔兰田的心愿，也是张宝英正在辛勤耕耘的新的事业。

数年来，她十分关心豫剧事业的发展和青年演员的培养，截至目前她先后在河南、山东、江苏、新疆、台湾等地收徒23人，还有很多人通过各种方式向她学戏。为崔派豫剧艺术在全国各地的发扬光大奠定了基础。

张宝英培养的学生有河南省豫剧一团的范静。青年豫剧表演艺术家范静本来启蒙于常派，但是醉心崔派，于是就拜张宝英为师，并向她学习了《陈三两爬堂》等崔派名剧，深得崔派真谛，所以在为崔兰田老师的《对花枪》、《三上轿》进行音配像挑人选时，特地让范静担纲，并且取得了良好的艺术效果。范静还举办了"崔派艺术专场"，全面展示她学习崔派的成果。有河南省豫剧二团的青年演员崔玉萍，崔玉萍在《铡刀下的红梅》中饰演奶奶；与李树建配戏，在《清风亭》中演老旦，都得到观众的认可和好评。有河南省豫剧三团的陈秀兰，在《村官李天成》中饰演李天成的老婆，在《悠悠我心》中饰演老太太，把中老年妇女的角色表现得恰如其分。张宝英在焦作收了学生李秀花，向她传授了《青天泪》、《访帅出征》剧目。

2006年8月29日上午，在安阳市"喜相逢"酒店内举行的拜师仪式上，张宝英亲切地扶起了叩拜在地的来自河北省邯郸市的豫剧青年演员吕明谚，从此，在她的众多爱徒中又多了优秀的一位。安阳市政协副主席刘晓廷，安阳市政府副秘书长、市文化局局长李阳生等参加了本次拜师仪式并致辞。

2008年6月10日，张宝英在禹州市举行仪式，收该市豫剧团女演员李雪梅为徒。禹州市豫剧团是一个有着百年历史的专业艺术表演团体，是全国县级唯一拥有两个“中国戏剧梅花奖”得主的剧团。今年39岁的李雪梅是禹州市豫剧团的优秀演员，曾在第七届、第八届中国映山红民间戏剧节上荣获表演二等奖和小戏优秀表演奖，在第二届河南戏曲演唱大赛上夺取金奖。收徒仪式上，张宝英表示，要把崔派艺术的演技毫无保留地传授给李雪梅，同时希望李雪梅广泛学习其他戏曲流派，做到兼收并蓄，早日事业有成，为繁荣豫剧事业做出贡献。

2010年1月13日，张宝英收徒——司晓青拜师演唱会在安钢工人剧院举行。社会各界知名人士到会祝贺。

由于张宝英在艺术教育方面的突出成绩，所以在河南省文化厅、河南省教育厅、河南省广播电影电视局联合主办的河南省第三届社会艺术教育“百位名师”评选活动中，张宝英与全省22位老师当选为第三届社会艺术教育“名师”，并且名列榜首。2008年2月，张宝英被文化部确定为第二批国家级非物质文化遗产项目代表性传承人，使她肩上更多了一份责任。

六、艺术之树常青

如今，张宝英的艺术事业还在全盛时期，不管是演出活动还是艺术教育，她仍然在一线忙碌着。

2008年6月，张宝英参加了海峡两岸豫剧艺术家巡演团，在新疆克拉玛依为新疆人民唱起了豫剧。海峡两岸豫剧巡演团由台湾国光豫剧团、河南省豫剧二团、许昌市豫剧团、河南英协艺术团4家专业演出团体组成，每年在台湾、大陆之间巡回演出，演职人员有上百人，包括了众多豫剧界的顶级名家。2008年的巡演选定在北京、新疆及河南3地演出。

2008年，18集戏曲电视连续剧《山里的汉子》剧组，邀请张宝英加盟。

2009年9月11日，以培养豫剧本科学历学生为主的戏曲表演班在中国戏曲学院开班，招收了24个豫剧本科生，并隆重举行了开学典礼。在开学典礼上，中国剧协副主席、河南省剧协主席李树建，河南省文化厅副厅长董文建出席了开学典礼并讲了话，张宝英也应邀出席。目前该班已经举办一年多了，为了规范学生的演出，特地聘请河南豫剧名家为该

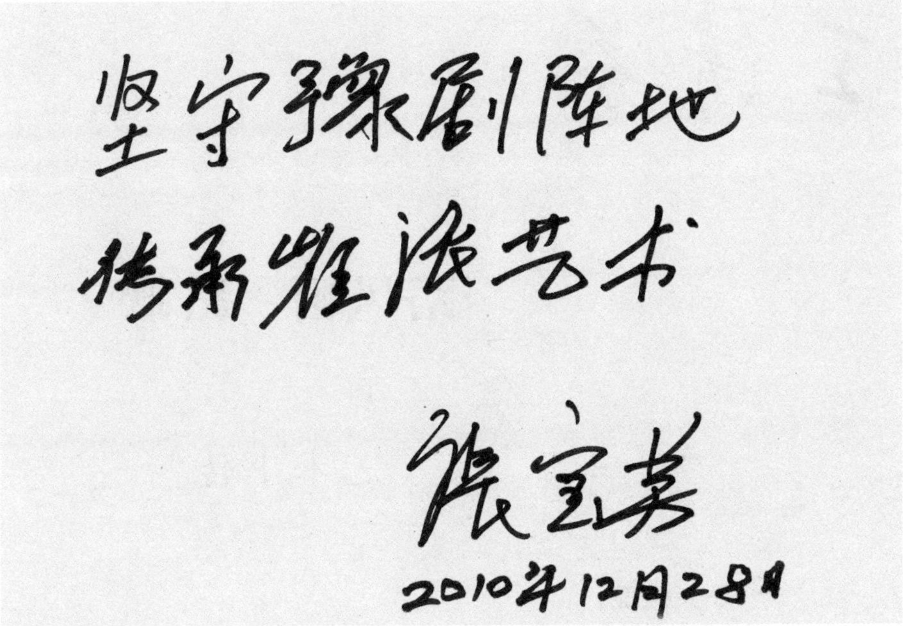

张宝英题字

院戏曲表演专业担任客座教授。其中有马金凤，负责教授《挂帅》和《借印》；贾廷聚负责教授《南阳关》、《三哭殿》；王希玲负责教授《点秋香》；王清芬负责教授《抬花轿》；张宝英负责教授《秦香莲》、《卖苗郎》、《寻儿记》等戏。

2010 年 12 月 28 日晚，在河南电视台 8 号演播厅举办了“迎新春答谢观众戏曲百场演出”的首场演出，受邀的都是梅花奖、文华奖、白玉兰奖得主的中青年演员，只有张宝英和贾廷聚是年近古稀的老艺术家，可见她在观众中的受欢迎程度不减，仍然宝刀不老，魅力四射。

张宝英虽年近古稀，但不管是外貌还是心理，她都比同龄人年轻。她是豫剧发展史上一个里程碑式的旦角演员，也是我省最好的青衣演员之一，她给观众带来了崔派张韵，就像一首诗，给人以美好的回味。艺术是首流动的诗，愿这首诗永远润人心田，愿张宝英老师青春永驻。

作者 1999 年 6 月采访张宝英于河南省艺术研究院

2010 年 11 月再访张宝英于“河南饭店”

2010 年 12 月 28 日三访张宝英于河南电视台 8 号演播厅

插图照片由张宝英提供

王清芬

一路风雨一路歌

艺术小传

个人概况：

王清芬，女，1943年2月17日出生，河南省新乡市人。河南省政协委员，中国戏剧家协会会员，河南省戏剧家协会常务理事，第五次全国文代会代表，国家一级演员，河南省文史馆员。第六届中国戏剧梅花奖得主，今日中国豫剧十大名旦金奖得主。

获奖情况：

1988年8月，演出新创古装戏《富贵金莲》，参加了河南省第二届戏剧大赛，荣获表演一等奖；

1988年10月，荣获首届“香玉杯”艺术奖；

1988年12月，以《大祭桩》一剧赴京参加首届中国戏剧节，荣获优秀演出奖；

1988年，荣获第六届中国戏剧梅花奖；

1990年8月，新排改编《麻疯女》，参加河南省第三届戏剧大赛，荣获特别演出奖；

1993年，荣获“今日中国豫剧十大名旦”金奖。

代表剧目：

《大祭桩》、《富贵金莲》、《麻疯女》、《抬花轿》等。

艺术特色：

王清芬从艺五十年，主攻闺门旦、花旦。她博采众长，吸收豫剧各流派之特长、融其他艺术门类之精华。她的嗓音清脆圆润、以情带声；她的表演不拘一格，既有程式又能巧妙运用绝活，举手投足都是戏，令人耳目一新，形成她自己的唱念做舞的独特表演风格。

艺术人生

一、为生存而学艺

王清芬的老家在新乡县大召营乡殿后营村，她出生在新乡市一个贫穷的家庭。她是家中的长女，很小就帮助母亲洗衣服、纳鞋底，还要为了生计织手套，帮父亲拉平车。12 岁那年父亲暴死在拉平车的路上，家中顿时陷入困境，母亲一人实在养活不了四个孩子，就将她的两个妹妹送到亲戚家寄养。为了寻找一条求生之路，也是出于爱好，13 岁那年，王清芬听从老师的建议，报考了新乡市戏曲学校。她那秀丽的相貌，苗条的身姿，甜润的嗓音，机灵的反应，被考官们一眼看中。可是，当她从老师手中接过录取通知书，欢欢喜喜回家时，母亲和哥哥却不赞成她去学戏。她哭着闹着坚持要去戏校。后来，她的班主任、戏校校长都到她家中为她争取，甚至当时新乡市管文化的副市长郭文轩也找到她在政府招待所洗衣房做工的母亲，为她上学说情。终于，家里同意了她上戏校。她心中暗下决心，自己要好好学戏，当个名演员，长大后挣钱养活妈妈，让她过上好日子。那时，她只是凭着朴素的养家糊口的愿望，踏上了欢乐与艰辛并存的戏曲艺术之路。

王清芬生活照

在戏校学艺期间，王清芬为了使自己能够获得出色的成绩，学到过硬的本领，老师在正常课时教授的技艺，是她必须完成的任务；除此以外，坚持“练私功”，是她每天必修的功课。这就是说，学校规定早上 6 点钟起床，5 点钟就能在练功房看到王清芬的身影。学校规定熄灯就寝的

王清芬在《抬花轿》中饰周凤莲

时间是晚上9点，但经常在10点钟以后还能看到王清芬在练身段、跑圆场。她的水袖功，靠把功，以及戏曲演员必须具备的手眼身法步等各种技艺，都是伴随着她的汗水与伤痛日渐提高的。真是功夫不负苦心人，戏校4年的学艺生活，为王清芬奠定了坚实的艺术功底。当她以优异的成绩从戏校毕业分配到新乡市青年豫剧团后，很快便崭露头角，不久即成为这个剧团光彩夺目的主演。

二、艺术蓓蕾初绽放

在新乡市青年豫剧团的生活是紧张的，也是愉快的，那时提倡艺术为工农兵服务，她随着剧团上山下乡到部队军营演出，工资稳定，学戏有劲，到处受到欢迎。频繁的演出活动，使王清芬的表演技艺日臻成熟，她演的《断桥》很有特色，被当时的省委领导称赞为："这个小演员很有发展前途。"

1963年，剧团排演了现代戏《社长的女儿》，她在剧中扮演了主要角色林继红。这个戏在保定红星剧场连演60多场，轰动了保定地区，河北省省长刘子厚观看此戏后，号召河北省的艺术团体要向新乡市青年豫剧团学习，并把她们推荐到天津演出二十余场，演出期间，中宣部部长周扬由天津市委宣传部部长白桦陪同，观看了演出并接见了演员，和王清芬等演员合影留念。

1964 年，豫剧团排演了由话剧改编的《不准出生的人》，王清芬一人饰演了两个角色，即母亲央金和女儿尼玛，这时剧团要求演员自己设计唱腔。她对央金抱着双胞胎女儿要投江告别人世时的唱段“江水奔腾激浪滚滚，儿哭声声娘泪纷纷……”进行了唱腔设计，演出时剧场效果强烈，催人泪下。这使她初步尝到了创作的喜悦，为她以后的艺术创作增加了自信和兴趣。

1965 年，文化部举办中南地区革命现代戏调演，河南省很重视，组织了一个代表团，在全省挑选优秀剧目和优秀演员集中排练，其中有常香玉老师、王善朴、魏云、任宏恩等主演的《人欢马叫》；有马金凤老师、张宝英主演的《打牌坊》；有崔兰田老师的折子戏；有省曲剧团王秀玲老师演出的《游乡》；还挑选的有商丘豫剧团的剧目《社长的女儿》，由于王清芬在新乡豫剧团演出这个剧目很有影响，便让她临时参加商丘豫剧团演出，并让她演出其中的团支部书记大秀。一开始她找不到感觉，领导决定换张宝英演出。后来商丘豫剧团领导向代表团带队领导说情，说她很努力，再给她一次机会让她琢磨琢磨，于是仍由她继续扮演。为了珍惜这次机会，她让导演给她指出不足之处，原来她的扮相和唱腔都好，就是演古装戏的闺门旦演惯了，低头含胸没有新中国女青年的气质。经过大家的纠正，她就从人物出发设计动作和表演，终于成功地塑造了大秀这个人物，顺利地代表河南代表团参加了调演，圆满地完成了任务。这一次的挫折和成功使她明白了演戏不能光演程式，还要演人物，所以，以后演戏她都要动动脑筋，多问几个为什么，以求合理性。这一年，王清芬被新乡市选为全国青年联合会的代表，准备出席 1966 年的“青联全国代表大会”。那时，她真如一只在艺术天空自由飞翔的小鸟，度过了一段无忧无虑的幸福生活。

不料“文化革命”不期而至，作为剧团培养的业务尖子，年轻的王清芬也难以幸免地成为当地运动的焦点，大字报、大辩论、大批判，她只能在屈辱中听人摆布。后来还是因为她的艺术引人注目，先后让她饰演了《红灯记》里铁梅；《红色娘子军》里吴琼花；《杜鹃山》里柯湘；《白毛女》里喜儿，使她在演出现代戏方面积累了经验。但是，那时的一花独放、百花凋零的局面，是豫剧停滞不前的极大障碍。1976 年，王清芬和大家一样终于迎来了拨乱反正后的艺术春天，使她能够专心致志地从事自己喜欢的戏剧艺术，使她可以把数年来只能思考不能行动的艺术表演和创作付诸实践。

三、艺术创新之一：改编《大祭桩》

1981 年 4 月，她和新乡市豫剧团在北京演出《大祭桩》、《抬花轿》，一个多月的时间内，辗转 8 个剧场，演出 50 多场，场场座无虚席，受到了观众的热烈欢迎，获得了专家们的高度评价。京剧表演艺术家夏永泉在《人民戏剧》上发表文章称赞王清芬是“小地方获得大成就的勤学苦练的有心人”，是“没有状元师傅的新状元”。评论家理实在《北京戏剧报》上发表题为《大姑娘一身都是戏》的文章，充分肯定了王清芬在认真继承基础上的大胆创新。

说起来，王清芬改编常派《大祭桩》，也是有一个过程的。本来，上世纪五十年代末，王清芬在戏校时，就排演过《大祭桩》，后来在 60 年代初，新乡市豫剧团也给她排演了《大祭桩》。她被常香玉大师在《大祭桩》中的精彩表演和极具特色的音乐唱腔所折服，以满腔热情按常香玉大师的路子排出了《大祭桩》，但是上演却效果平常，没被观众认可。一个戏失败了本来很沮丧，还要影响对你下一个戏的角色分配。那时，她很苦闷，胸中冒出了为什么常老师成功而自己却不成功的问题，以至于在十几年的时间里她就一直在思考和探索。

大家知道，《大祭桩》是常派艺术的一座高峰，是豫剧大师常香玉继《拷红》、《花木兰》、《白蛇传》之后的一部杰作。她的产生与成功自有规律可循。

1956 年 12 月，河南省举办首届戏曲观摩演出大会。本来常香玉已经在 9 月提前排好了由赵籍身先生改编的传统戏《桃花庵》，并在武汉市公演，准备拿这出戏参加会演。后来，出于如何更好地发挥自身表演艺术特长的考虑，她决定排演经过由陈宪章改编的《大祭桩》。1957 年元月，常香玉在观摩演出现场演出了改编后的《大祭桩》，受到观摩者的热烈欢迎。常香玉成功地塑造了黄桂英美轮美奂的艺术形象，表现了她那敢于和邪恶势力抗争的坚强性格，尤其是常香玉那声情并茂的唱腔，更是被大家所赞赏。会演闭幕时，《大祭桩》一举获得了编剧、导演、音乐、舞美四项一等奖，常香玉获得会演的最高荣誉奖。这年 6 月，常香玉带着《大祭桩》进京演出，同样获得高度评价。

但是，陈宪章先生改编、常香玉大师演出的《大祭桩》，只有“庙

王清芬（中）与常香玉（右）、陈宪章（左）老师在一起

院”、“哭楼”、“赶路”、“祭桩”4场戏，剧本结构是紧凑了，但故事头尾交代不清。由于常香玉的影响和她出色的唱腔，观众看时的反应是很热烈的，演出也是非常成功的，这也就反应了戏曲中的一个“人包戏”的现象。然而作为名不见经传的一般演员，需要“戏包人”，观众看不大明白剧情就影响剧场效果。

王清芬是常派艺术的崇拜者，但她自幼在新乡市豫剧团养成思索的习惯使她认识到，如果自己要继续演出《大祭桩》，就必须进行改革。她出生在新乡，成长于新乡，不是常派弟子，因此对于改动名家的剧目，顾虑相应小一点，这也是她自己独特的优势条件。

王清芬和新乡的改编者商量，首先要改编剧本，要使情节合理、节奏紧张，要通过此剧将人物的行动根据和思想脉络理顺。当时，社会上正在放映秦腔戏曲电影《火焰驹》，于是在保持常派艺术精华的前提下，参照秦腔的《火焰驹》的剧本，增加了“升帐”、“沙府”、“昧婚”、“卖水”、“杀丫环”五场戏，使之脉络清晰，把《大祭桩》变成首尾相连、内容完整的大戏。在有关人物性格的塑造上，王清芬也作了一些改动，如“哭楼”一场，当黄桂英得知未婚夫李彦贵在三日之内将被处斩，她立即感到心灰意冷，决心以死殉情，但转念一想，她不能死，她要赶到法场向李彦贵表白心迹，她要为未婚夫申辩冤情。这里，王清芬和作者加了一段念白：“我死不足惜，薄命如浮萍；可怜公子身，清白负罪名；

何不赴刑场，与君诉冤情；夫妻同日死，热血化飞虹。”这段念白铿锵有力，韵律协调，伴以优美的形体动作和水袖的抛洒，就把黄桂英准备去法场鸣冤、誓与李彦贵同归于尽的决心表现了出来。王清芬对于黄桂英的服装，也作过反复的斟酌。按照豫剧传统的着装，黄桂英在“赶路”一场是身穿白腰包、背系红包袱上场，她觉得这种装束不像一个大家闺秀外出的形象。聪明的王清芬看了外国电影《佐罗》之后，觉得佐罗身披斗蓬的举动很潇洒。在重排《大祭桩》时，她把黄桂英的衣着改为内穿小衣包，外披花边的白斗篷，这样不仅使黄桂英的舞台形象更美，而且有助于表演，如她在风雨中以斗篷遮面，跑圆场时斗篷张开如蝴蝶飞舞，大大加强了黄桂英表演中的舞蹈性，而且给人以飘逸之感。王清芬在黄桂英的表演唱腔诸方面，也有不少新的创造。总体上做到了移步而不换形，使这部名剧能够锦上添花。

由于王清芬对待表演艺术严肃认真，坚持锐意改革，在虚心继承常香玉大师原创《大祭桩》的基础上，经过长期的演出实践，不断地修改加工，弥补了常大师因身体条件和年事渐高诸方面原因造成《大祭桩》的某些局限，使这出产生于 1957 年初的传统剧目，有头有尾、前后贯穿；故事曲折、情节完整，而且铺垫了黄桂英与李彦贵爱情的基础，强化与丰富了黄桂英的许多舞蹈动作，根据人物情绪的变化，在音乐唱腔方面也作了改动和加工，从而使常派代表剧目之一的《大祭桩》更加合理和完整，产生了生动感人的效果。经王清芬反复磨炼、修改加工的《大祭桩》，不仅受到广大观众的热烈欢迎，也为专家们所赞许。

自 1981 年以后，一些演《大祭桩》的演员，大多参照王清芬演出的路子，从事自己的舞台实践，还有几位演员因此而荣获中国戏剧梅花奖。1984 年，中央新闻电影制片厂在电影界一年仅有三部戏曲电影拍片指标中，选定王清芬主演的《大祭桩》，易名为《风雨情缘》，拍摄为彩色戏曲电影片。

四、艺术创新之二：改编《抬花轿》

1985 年，王清芬作为优秀人才引进，被调入河南省豫剧二团，继《大祭桩》拍成戏曲电影片之后，《抬花轿》是王清芬又一个改革成功的剧目。

王清芬在《抬花轿》中饰周凤莲

王清芬本来是工闺门旦的，但是戏校实习时在邢台看到姚淑芳老师演出的《抬花轿》，给她留下了深刻印象。姚老师演的周凤莲，活泼风趣、聪慧可人，还有那一双会说话的大眼睛，使她深深迷上了花旦角色周凤莲。1962 年，王燕飞老师按照《抬花轿》的剧情，改编创作了《鸿雁传书》这出戏，一经王清芬上演，观众反应特别强烈。

但是，王清芬并不满足，真正影响她在表演上下功夫的是陈素真老师。那时陈素真率领天津豫剧团在新乡市人民剧院演出《叶含嫣》（又名《洛阳桥》），陈素真老师的身段表演、甩大辫、穿衣服的技巧是那样规范和娴熟，让她大开眼界，十分着迷。她一连看了一个多月陈素真的演出还不过瘾，后来剧团领导请陈素真到他们团给演员讲课，这可让她心花怒放。在陈素真老师的影响下，在陈的大徒弟宋慧玲的具体教学下，王清芬一招一式地学习了甩辫子、穿衣服，自己又认真琢磨了转扇子、抛盖头的动作，经过刻苦钻研练习，王清芬练就了一手绝活，不仅学习演好了《叶含嫣》，而且为她以后重新排演《抬花轿》，在表演技能方面打下了坚实基础。

1981 年，为了迎接春节，新乡市豫剧团让她排喜剧《抬花轿》。她特地观看了吴碧波老师演出的《香囊记》和宋桂玲老师演出的《抬花轿》，仔细分析了剧情，决定在王定云和文状元以及周凤莲与武状元的两条主线中突出周凤莲助人为乐这条线，重点塑造周凤莲这个喜剧人物。后来的改革都是围绕这条主线进行二度创作的。

首先，王清芬对“坐轿”这场戏，进行了再加工和再创作，把原来单调、机械的“坐轿”，改成在迎亲路上，周凤莲与轿夫们斗闲气产生的矛盾、碰撞，以突出周凤莲人物个性中的风趣。通过周凤莲与轿夫们的情感交流和丰富的舞蹈语汇，使“坐轿”这场戏更有情节性、艺术性、趣味性，大大激发了观众的观看激情，很多剧团纷纷学习搬演。随后，王清芬又加上了展示表演技能的《梳妆》一场戏，这场戏道白和唱词不多，主要用周凤莲照镜子反复穿错衣的动作来反映她的急嫁的心情。在这场戏中，王清芬运用了抛穿嫁衣、“卧鱼”等高难技巧，使这个剧的观赏性大大增加。她带着此剧到各地演出时，无不受到观众的赞誉。1986 年 7 月，该剧被浙江电影制片厂选中，又被拍摄成彩色戏曲电影片。

1990 年，第十一届亚运会艺术节组委会点名邀请《抬花轿》参加艺术节的演出，文化部的领导和亚运会艺术节组委会的领导都看了演出，给予了很高的评价，还有许多外国朋友看了也赞不绝口。

1993 年，在台湾“河南同乡会”的积极努力下，河南豫剧首次访台慰问演出，这次由马金凤老师挂帅和以豫剧一团为班底的演出团，集中了河北、河南的著名演员，在台湾行程共一个月，演出16场。王清芬主演的《抬花轿》共演3场，还满足不了观众的需求，桃园县的观众甚至要提高包场价想让加演一场。台湾的《民生报》评价说："……《抬花轿》同时传达了民间习俗教育，包括民间工艺香车、绒花、结婚礼俗、见公婆之礼、穿衣、要手绢、抬轿、坐轿等身段，也全是模拟夸张现实生活。这样的趣味让《抬花轿》贴近人心，海峡、省籍全无隔阂，赢得一致赞赏。"

1993年，王清芬将原来七分钟的《梳妆》加工成了十五分钟的折子戏，用多年积累的戏曲程式和舞蹈语汇，合情合理、层次分明地表现周凤莲出嫁梳妆的全过程。在"今日中国豫剧十大名旦"选拔赛上，观众报以八九次的热烈掌声，获得评委的最高分，专家称这折戏是花旦戏曲表演的精粹。过去的传统《抬花轿》是个说笑戏，歇嗓子戏，有了"梳妆"，使《抬花轿》成为唱念做舞的精彩表演戏，提高了它的艺术性、趣味性和观赏性。这折戏和《大祭桩》的"哭楼"使王清芬获得了"今日中国豫剧十大名旦"的金奖。

五、自办剧团圆戏梦

王清芬虽然是一个全身心沉浸在艺术创作中的艺术家，但是激烈变迁的时代环境和复杂的生活，让她在收获鲜花和掌声的同时，也接踵而来一些意想不到的打击。

1987年6月，河南省豫剧二团开始进行体制改革，正在此时，郑州市一个剧团奉命到胜利、华北、辽河、大庆四大油田进行慰问演出，经领导同意，王清芬被临时借调到这个剧团主演《大祭桩》和《抬花轿》，她提出的唯一条件是演出任务完成后，和该团一起到北京演出三场戏，参加梅花奖评选。不料，当慰问演出结束之后，当事人无端毁约，使王清芬进京演出的计划成为泡影。待她回到二团工作一段时间之后，该团承包人却以让人不能理解的理由将其解聘，让她另谋出路。接连出现的晴天霹雳，让正处于艺术颠峰的王清芬一时无所适从。演员的主要任务是演戏，尤其是作为女演员的王清芬，除了演戏之外，还有什么出路？在别无选择的迷茫中，经上级批准，她决定和荥阳豫剧团联合，成立河南清芬豫剧团，艰苦奋斗，自力更生，闯出一条新路来。王清芬的选择在某种意义上来说，可称之为"逼上梁山"。

王清芬在《宇宙锋》中饰赵艳容

王清芬和荥阳县豫剧团合作，县领导和剧团演职员都是非常欢迎的。但这个剧团演员阵容之弱、演出设备之差、生活环境之简陋，完全出乎王清芬的意料。俗话说，开弓没有回头箭，意志坚强、敢闯敢拼的王清芬下定决心，无论前面是沟是河，都要义无反顾地勇往直前。她办团三年多的实践，三年多的成就，发挥出了王清芬生命的另一种潜能，体现出她非同寻常的人生价值。

三年多来，她团结一班人，从提高艺术质量入手，坚持走出人、出戏的道路，先后排演了13台大型剧目，重点加工了7台质量较高的传统剧目，演出500多场，观众60万人次，获得近40万元的收入（在20世纪八十年代这可是个大数字），剧团增加了10万元的固定资产，还清了55万元的外债，培养出号称“五朵金花”的青年优秀演员。

三年多来，王清芬和她的剧团除坚持正常演出外，还参加了一系列重要的戏剧活动：

1988年8月，她在该剧团新创作了难度很大、面貌新颖的古装戏《富贵金莲》，她一人扮演富莲与贵莲两个角色，参加了河南省第二届戏剧大赛。她扮演的孪生姐妹富莲与贵莲，既重视优秀传统的继承，又不拘泥于固定程式的束缚，以她对角色的理解和独具特色的艺术风格，完成了对人物的塑造。她的唱腔刚柔并济，表演娴熟自如，以强烈的感染力，赢得了专家和观众的赞赏，荣获表演一等奖。

1988年10月，王清芬获得首届“香玉杯”艺术奖。1988年12月，王清芬自费以《大祭桩》一剧，赴京参加首届中国戏剧节，获优秀演出奖杯，并获得第六届中国戏剧梅花奖。1990年7月，该团青年演员参加郑州市第五届自创剧目会演，两人获得表演一等奖，三人获得表演二等奖。1990年8月，以新排改编的《麻疯女》参加河南省第三届戏剧大赛，该剧和王清芬本人均获特别演出奖。1990年9月，王清芬应邀赴京为第11届亚运会义务演出传统名剧《抬花轿》。1991年8月，她赈灾义演三场。

在20世纪八十年代末和九十年代初，观众锐减，演出市场萎缩，戏剧事业处于低谷。这时的王清芬已是一个年逾不惑的演员，带领着自负盈亏、不靠国家资助的剧团，能取得这样出色的成绩真是不易。他们的凝聚力、对观众的吸引力来自何处？王清芬的回答是“质量”二字，质量是艺术产品的生命。王清芬演戏，最忌讳服装破破烂烂，舞台昏昏暗暗，演戏马马虎虎，剧情平平淡淡。在演出方面，她突出一个“严”字，坚持一个“精”字，艺术上处处都很讲究，绝不凑合将就。她知道认真演戏，既是为人民服务的需要，也是职业道德的体现。因此，她和伙伴们，对每一场演出都力求做到城市乡村一个样，日场夜场一个样，人多人少一个样，室内室外一个样，高标准，严要求，以此赢得了信誉，赢得了观众。

艰苦奋斗的精神不能丢。清芬豫剧团是靠借贷建立起来的。开始，舞台条件、居住条件之差，在全省剧团中是少见的。在王清芬和几位骨干的带动下，他们甘愿吃苦，以苦为荣，以苦为乐。排练《麻疯女》时，他们租用一个乡村小镇的剧场，为的是省时省钱。参加首届中国戏剧节时，团里没有资金，王清芬下定决心，借钱也不能空缺，路费不够，扛着行李步行也要走到北京。第六届中国戏剧梅花奖于1989年春季在深圳颁奖，王清芬一人提着行李和全套演出行头赶到广州，住旅馆太贵，她在候车室静坐一夜，等候转车。当她肩扛手提四个大包赶到深圳宾馆，看着她十分疲惫的狼狈相，颁奖大会的接待人员无不为之感动。颁奖演出时，穿着简朴的王清芬演出的压轴戏却分外精彩。清芬豫剧团为亚运

王清芬在《麻疯女》中饰邱丽玉

会义演，也需要大量的资金。没有经费，全靠他们自筹，炎夏酷暑，数百里往返奔波，两个月演出50多场，才筹足了路费和业务投资。正像王清芬所说："我们的投资和路费，是一句一句唱出来的，每张钞票都浸透了我们的汗水。"王清芬为培养新秀，甘做人梯。清芬豫剧团有一些青年演员，在演出中发挥出了重要作用。为了使他们在艺术方面奠定坚实的基础，剧团坚持每月一次的业务考评制度，演什么考什么，业务考评促进了基本功训练。考评时，进行民主评议，一经过关，即正式扮演经过考评认为合格的角色。《抬花轿》一剧，经常是学生演前半部，王清芬演后半部。一次，学生演的前半部周凤莲，已经来了几次掌声，化好妆的王清芬悄悄把妆卸去，鼓励学生坚持演完，身负重任的学生更加认真，观众也高兴而来，满意而去。

严格管理不可缺少。清芬豫剧团建立初期，有的演职员排练时松松垮垮，演出中吊儿郎当，赌博成风，打架斗殴时有发生。王清芬认为，没有好的团风，就不会有好的台风。他们从做思想工作入手，组织大家学习，树立为人民服务的思想，制定工作纪律和必要的处罚制度。正气占了上风，人人争当先进。

如今，王清芬领导的河南清芬豫剧团虽然已经不复存在，但是，在那个特定历史时期，它的影响遍及中原大地，它的经验，是戏剧界一笔宝贵的财富。它作为精彩的一页，也必将载入河南戏剧发展的史册。

六、左膀右臂相濡以沫

在王清芬成功的道路上，有两个至为关键的人物：一位是与她相濡以沫的丈夫武锡康；一位是她亲密的合作伙伴修正宇。武锡康是北京人，她和王清芬在"文革"大串连中相识，由于志同道合，最后结为恩爱夫妻。武锡康有大学学历，攻读的是理科，他为了支持妻子的艺术事业，甘愿作为陪衬，数十年来默默无闻地伴随着王清芬顽强拼搏。在工作上，他是王清芬最坚定的支持者，他不怕艰难困苦，给她收集艺术资料，建立艺术档案，给她写各种发言稿和艺术体会，甚至给她起草上访材料；在她办剧团时，他打理剧团的行政工作，做他能够做到的一切。在家庭，他本是一双儿女的父亲，但因为王清芬多年来都有繁忙的排戏与演出的任务，武锡康又扮演了"母亲"的角色。"任劳任怨，艰辛备尝，妇唱夫随，心甘情愿。一个成功的女人背后必定有一个甘愿做出牺牲的男人"。这就是对武锡康真实的写照。王清芬对自己的丈夫有两个感受：一是：

王清芬在《抬花轿》中饰周凤莲

“他是有才华的，只不过他为这个家庭，为我付出的太多太多，……我对他除了感激还充满歉意。”二是“如果不是认识他，我这一生不知道要在感情上遭受多少波折。”

修正宇同志是1953年考入香玉剧社的高材生，他曾经得到著名豫剧表演艺术家赵义庭和京剧名师李三星数年的亲授，掌握了文武双全的精湛技艺；他曾在一些剧中为常香玉大师配戏，深得常大师的关爱与赏识。他对艺术的严格与严谨是一贯的，是人所共知的。也许是王清芬的幸运，她遇到了修正宇这位艺术造诣很深的忠诚的合作伙伴，王清芬演黄桂英，修正宇就演李彦贵；王清芬演周风莲，修正宇就演武状元；玉清芬演邱丽玉，修正宇就演陈绿琴；王清芬演富莲、贵莲，修正宇就演贾炎；王清芬演赵艳容，修正宇就演赵高。真是珠联璧合，相映生辉。王清芬的艺术达到了很高的境界，这里面有修正宇很大的功劳，王清芬是很感激的。

七、生命不息传承不止

王清芬在五十多年的艺术生涯中，认认真真地演戏，清清白白地做人，以十分艰辛的艺术劳动，创造出一系列栩栩如生的舞台艺术形象，给予人们以美好的艺术享受，为豫剧事业的发展提高，做出了突出贡献。在长期的艺术实践中，王清芬以虔心继承为基础，以刻意创新为己任，从而形成了与众不同的表演艺术风格。事实证明，她是其同代演员中出类拔萃的佼佼者。

现在，王清芬老师虽然身材依然苗条，扮相依然姣好，嗓音依然滋润，很多演出场合仍在邀请她演出，但毕竟不是站在舞台的第一线，近年来她的主要精力都用在培养学生、传承豫剧上。

首先，她收了二十多位学生，她要把她一生的艺术精华和创作成果教授给徒弟。

其次，她在2007年，整理出版了20多万字的《一路跋涉一路歌——王清芬的演艺生涯》一书，总结了她从艺的历程和艺术创造的体会，用来和同行们交流，供青年演员们借鉴学习。

还有，2009年，她被中国戏曲学院聘请为豫剧客座教授，她表示一定要为豫剧本科生的教育尽一份力量。

特别令人感动的是近期的一件事：2010年8月15日，王清芬最亲爱的丈夫武锡康因病医治无效，离她而去。她悲痛欲绝，失去了精神支柱，变得十分憔悴。在艺术同行的鼓励下，她渐渐振作起来。2010年12月9

王清芬在《麻疯女》中饰邱丽玉

日，省委、省政府对像她这样获得梅花奖国家级大奖的演员进行了表彰和颁发奖金。12 月 18 日，她将获得的 5 万元奖金与中国剧协副主席、河南省剧协主席李树建的 20 万元奖金一起，捐给了“河南省生命关怀协会”，用来救助以癌症为代表的重症病人的治疗，令人震惊。她的捐助之举彰显了她的善心和爱心，她觉得金钱是身外之物，如果它能帮助那些最需要它的人，那就是最大的心灵慰藉。她以自己的行动写就了一个具有大爱的艺术家的胸怀，愿她青春常驻，一路春光一路歌。

作者 2010 年 12 月 9 日采访王清芬于河南电视台 8 号演播厅

参考《一路跋涉一路歌——王清芬的演艺生涯》

插图照片由王清芬提供。

虎美玲

常派虎韵一大家

艺术小传

个人概况：

虎美玲，1946年6月出生，回族，河南省郑州市人。国家一级演员，著名豫剧表演艺术家，常派艺术优秀传人，今日中国豫剧十大名旦金奖得主，全国人大代表，第七届中国戏剧梅花奖得主，中国戏剧家协会常务理事，郑州市人大常委会常委，河南省文联委员，河南省戏剧家协会常务理事，享受国务院政府特殊津贴，1988年被命名为河南省“三八”红旗手，1989年被命名为河南省劳动模范，1990年获全国“五一”劳动奖章。1999年获全国劳模。现任中国田汉基金会理事，郑州市豫剧院院长。

获奖情况：

1987年，荣获四省十四市豫剧中青年演员广播大奖赛一等奖；

1988年，荣获首届“香玉杯”艺术奖；

1988年，在全国首届豫剧中青年演员电视大奖赛上以当场亮分最高分的成绩荣获中年组最佳演员第一名；

1988年，主演新编历史剧《粉黛冤家》，荣获河南省第二届戏剧大赛表演一等奖；

1990年，主演常派剧目《大祭桩》，在《粉黛冤家》里饰演武则天。获第七届中国戏剧梅花奖；

1993年，荣获“今日中国豫剧十大名旦”金奖。

代表剧目：

《花木兰》、《大祭桩》、《断桥》、《破洪州》、新版《白蛇传》、《粉黛冤家》、《宝莲灯》、《唐宫娇女》、《海霞》、《海防线上》、《义烈女》、《美兮洛神》、《刑警四姐》、《红灯记》等。

艺术特色：

虎美玲声腔委婉曼艳、清越高远、明亮圆润；表演含蓄隽永、俊逸高雅、端庄大方、雍容华贵。在多年的继承和发展中，逐步形成了她独特的艺术风格。

艺术人生

一、继承常派发展常派

虎美玲，12 岁从艺，师从豫剧大师常香玉，是常派艺术优秀传人。主工青衣、闺门旦，兼擅花旦、刀马旦，并能反串小生，戏路宽广。

作为豫剧大师常香玉的弟子，虎美玲难以忘怀老师对她的培养和关爱："1974 年，对我来说，是一段难以忘怀的时光。当时河南省正在排演《红灯记》，在挑选演员时，我有幸被选中饰演李铁梅，而扮演李奶奶的就是常香玉老师。"

虎美玲在《红灯记》中饰李铁梅

那时，虎美玲每天和扮演李奶奶的常香玉老师朝夕相处，不管是艺术还是为人，她都处处以常老师为榜样，诺守着"戏比天大"的信念，刻苦练功，对戏中的每一句念白和每一个唱腔都反复推敲、仔细揣摩，直到符合人物的身份和情

常香玉指导虎美玲学习《大祭桩》剧目

感，这种认真的态度很快得到了常香玉的喜爱。虎美玲扮像俏丽、唱腔甜美、高音挺拔有力，扮演的李铁梅坚强、智慧、勇敢，她把一个不怕流血牺牲，传承革命遗志的小铁梅塑造得真切感人，那一大段“听奶奶讲革命……”的豫剧唱段使很多人流下了眼泪，得到了观众的认可和欣赏，她的唱段从此流传了下来。一直到30多年后，还有很多小演员在学习，随后到河南电视台《梨园春》栏目去打擂，往往取得好的成绩。

1981年，虎美玲正式拜常香玉为师，她也开始得到了老师手把手的指导。常香玉开始把《断桥》、《花木兰》、《大祭桩》等常派剧目悉心地传授于她，无论从唱腔发音，到分析剧情人物，对其无所不授，这段经历为虎美玲的艺术道路打下了坚实的基础。但是，虎美玲的嗓音条件与常香玉并不完全相同，常香玉对她的要求是神似而不是形似，为她排练《大祭桩》时，并没有要求她完全按照以往的戏路走，而是在保持已有戏路的基础上，有所创新。“老师曾经教导我，‘学我者生，似我者死’，我现在越发理解到老师的意思，就是要我们懂得活学活用，要抓住艺术的精髓。”虎美玲后来曾深情地回忆老师说。因此，虎美玲虽然学习常香玉，但是又有所创新。例如爆发音同样高亢有力，演唱《大祭桩》里的“哭楼”一折，她运气行腔、控制声带的技巧纯熟高超；尤其那声腔如裂帛拖弋，似流水行云，令人叹绝。但她又有和常香玉不同的地方，带有自己的鲜明特色。她的嗓音虽然没有常香玉宽，但音高却胜之，又增添了柔美妩媚的成分。常香玉饰演的黄桂英，虽是千金小姐但比较朴实，而虎美玲饰演的黄桂英则更多的有着大家闺秀的气质。这相同和不同，使虎美玲成为具有自己风格的常派艺术继承者。

从此，虎美玲作为常香玉最好的学生之一，把常派剧目演遍了祖国的大地和海内外。

1989 年 12 月 4 日，她在中南海演出《折子戏专场》，受到了李瑞环、王平、段君毅等中央领导的接见和赞扬。《虎美玲折子戏专场》是虎美玲辛勤磨砺的传统剧目之精华，她择取了《花木兰》、《大祭桩》、《抬花轿》中最精彩选段，巧妙综合为一个演出晚会。由她主演的花木兰、黄桂英、周凤莲三个不同身份，不同性格，不同行当的女性形象，光彩夺目，十分动人。在中南海演出时李瑞环说：“表演非常精彩。”

1990 年，由中国文联、中国戏剧家协会主办的第七届梅花奖揭晓。虎美玲因演出常派剧目《大祭桩》和新创剧目《粉黛冤家》，摘取了中国戏剧演员最高奖——梅花奖。在北京竞夺梅花奖演出时，马少波说：“虎美玲的表演艺术在梅花奖水平线以上。”曲六乙说：“虎美玲多才多艺，她扮演的人物千人千面，是难得英才。”郭汉城在《人民日报》发表文章，题目是：“唱做俱佳虎美玲。”

1991 年在河南省春节联欢晚会上，江泽民总书记观看了她演出的《花木兰》，给予了好评。

1991 年 11 月，虎美玲赴京参加了“亚洲传统戏剧国际研讨会”，在国际剧场向各国戏剧专家精彩地表演了《大祭桩》剧目。

1992 年 3 月 3 日，虎美玲参加了第三届中国艺术节闭幕晚会的演出。

1997 年，全国政协副主席马万祺观看她演出的《花木兰》后亲笔题词：“挺秀中原虎美玲，艺高何待倚丹青，歌声婉绕梁三日，服务人群誉自馨。”

1998 年，京剧大师袁世海先生观看她的《折子戏专场》后亲笔题写：“青出于蓝，而胜于蓝。”

1999 年，文化部挑选虎美玲上春晚，演唱豫剧《红娘》选段。大家都知道，虎美玲常年演出的行当是以闺门旦和青衣为主，要在全国人民面前演出花旦行当的红娘，连她的恩师常香玉也替她捏了一把汗，虎美

虎美玲在《花木兰》中饰花木兰

玲却很有信心。因为她早已将老师过去的演出揣摸透彻，也背地练了不少。她把自己对红娘这个人物的理解向老师进行了汇报，常香玉心中轻松了不少。为了保险，常香玉还把她叫到家里专门指导了两个下午。1999 年农历正月初一，文化部春节电视晚会播出了虎美玲演唱的豫剧《红娘》选段。虎美玲在央视舞台上演出了一个蕙质兰心的“红娘”，观众叫好，常老师也为她这个出色的弟子而骄傲。

2000 年，虎美玲应新加坡华人乐团邀请赴新进行艺术交流，首开河南豫剧与国外大型交响乐团联合演出的先河。香港《大公报》誉她为“美不胜收的白娘子”。

2005年3月4日晚，河南郑州市豫剧院优秀剧目晋京展演活动在北京长安大戏院举行。第一天演出的是常派经典剧目《大祭桩》，剧中人物黄桂英分别由虎美玲和她的得意弟子连德志及杨红霞分场饰演。第三天是专场晚会“豫剧流芳——虎美玲艺术生涯50周年专场晚会”，主要展示了虎美玲从艺50周年来所取得的丰硕成果。虎美玲带领“梅花奖”得主杨红霞和马红艳、马刚良、耿荣、连德志、孙红艳、包桂花、冯霞八位学生，演出了豫剧《哭楼》、《白蛇传》、《破洪州》、《红娘》等选段。进行了阶段性的总结演出。

2005年10月31日，由广东省政协主办，广东省委宣传部、广东省文化厅、南方广播影视传媒集团协办的“中华之声——2005年名家名曲广东演唱会”首场演出在广州中山纪念堂举行。演唱会邀请了京剧、粤剧等8大剧种的领军人物同台演出。有著名粤剧大师红线女，京剧表演艺术家尚长荣、王立军、于魁智、李胜素、张火丁、朱世慧，川剧表演艺术家陈智林，著名河北梆子表演艺术家许荷英，黄梅戏表演艺术家马兰，越剧表演艺术家茅威涛，都在晚会献唱经典曲目。虎美玲作为著名豫剧表演艺术家，受邀在晚会演出了8分钟的节目：豫剧《花木兰》选段“谁说女子不如男”、“花木兰羞答答施礼拜上”，赢得观众热烈的掌声。演出结束后，时任中共中央政治局委员、广东省委书记张德江等领导上台亲切接见了虎美玲和参加演出的艺术家。

2006年2月3日晚，全国八大流行剧种的近20位当红名角在北京演出“2006百花迎春戏曲晚会”。虎美玲又受邀演出了《花木兰》选段“谁说女子不如男”、和新版《白蛇传》中的“此生足矣”选段。

2006年10月11日，农历8月20日晚：汇集了海峡两岸顶尖戏曲名角的“海峡情·2006梨园百花春”戏曲晚会在北京长安大戏院举行。中央电视台戏曲频道、福建海峡电视台、福建东南电视台三台直播。晚会开幕曲由于魁智、李胜素演唱，接着迟小秋、赵葆秀、李国静、虎美玲和黄梅戏演员韩再芬、越剧演员赵志刚等相继登场。两岸同唱一首曲的是虎美玲和台湾“豫剧皇后”王海玲联袂演出的《花木兰》，先由王海玲的男版花木兰来个“谁说女子不如男”，再由虎美玲的女版花木兰接唱“花木兰羞答答施礼拜上”，最后男女花木兰携手共唱。

2007年5月18日上午：郑州市豫剧院2007年“戏曲月”活动举行。由虎美玲等主演的折子戏，在新开业的郑州市凤凰演艺中心举行，拉开了郑州市豫剧院为期一个月的“戏曲月”活动。马刚良、任三印、刘昌东等参加演出。

2007 年 7 月 7 日晚：纪念国务院授予常香玉“人民艺术家”称号三周年——“戏比天大”专场演出在全国政协礼堂举行。虎美玲和小香玉、王惠、汪荃珍、范军、李树建、孔莹等参加演出，还有京剧、黄梅戏等剧种的名家加盟。

2007 年 8 月 12 日，农历丁亥年 6 月 30 日：郑州市豫剧院青年豫剧团成立，郑州市豫剧院院长虎美玲与新密市豫剧团领导签订了“新密市豫剧团为郑州市豫剧院青年豫剧团”协议。新密市豫剧团签约成为郑州市豫剧院青年豫剧团后，一是增加外出演出场次（市外以郑州市青年豫剧团名义演出）。二是在艺术创作、提高演出水平、强化戏曲排练等方面将得到郑州市豫剧院的直接指导。三是郑州市豫剧院主要演出可加盟新密市豫剧团演出。

2007 年，由天津市文化局、和平区人民政府、今晚传媒集团、天津电视台共同举办的“华夏神韵——第三届中国民族戏曲优秀剧目大汇演”，于 9 月 20 日至 11 月 23 日在天津举行。来自全国 8 个剧种的 13 个院团、2000 多名演员先后亮相，奉献了 35 台优秀剧目，展示了民族戏曲艺术的魅力。主办单位还邀请 1400 多名河南籍务工人员免费观看，虎美玲演出了豫剧《白蛇传》、《大祭桩》等剧目。精彩的豫剧表演让来津务工的河南农民工朋友感受到来自家乡的温暖。

虎美玲以她数年来上演常派的经典剧目和选段，传播了常派艺术，发展了常派艺术，当之无愧地成为豫剧常派艺术优秀传人。

二、创新和探索

作为成功的豫剧名家，虎美玲并不固步自封，躺在前人创造的剧目上亦步亦趋，而是具有艺术家的勇气和创新精神，只要条件成熟，就开始打造新的剧目。

1988 年，由张新秋编剧和罗云导演的《粉黛冤家》，在郑州上演，虎美玲把中国唯一的女皇帝武则天，塑造得有血有肉，丰满感人。该剧由郑州市豫剧二团排演，参加了河南省第二届戏剧大赛，虎美玲以其出色的演唱获得大赛表演一等奖。有专家对她的演出进行评论说：“虎美玲的扮相端庄俊美，做戏含蓄深沉，善于以声传情，用唱腔揭示人物复杂的内心世界。在这次大赛中，虎美玲饰演了参赛剧目《粉黛冤家》中的

虎美玲在《白蛇传》中饰白素贞

青衣帅旦兼备的武则天，这是她对自己戏路的拓宽。她塑造的这一角色，既有封建帝王的威严气度，又有古代女性的似水柔情。武则天回答上官婉儿的那一段500字的念白以及接下来的50几句大段唱，势如大江东去，令人荡气回肠。”

在《粉黛冤家》这部戏中，虎美玲首次展现了她的创新精神，她摒弃了原来传统的古装戏包头，不管是服装还是头饰，都是她自己选图自己画出基础稿，再让服装师和化妆师制作。最后在舞台上塑造了一个身着大气飘逸、华丽绚烂唐装的武则天，充分体现了大唐盛世的繁荣，这在八十年代刚刚恢复传统戏的豫剧舞台上，根据朝代特点制作有个性的服饰，几乎是首开先河。

2003年，郑州市豫剧院演出了新版《白蛇传》，这部戏不管是舞美、音乐、服装，都让人耳目一新，既有豫剧的声情并茂，又有歌剧的明媚华丽，该剧对传统豫剧进行了大胆革新，得到了青年观众的喜爱。但它有别于传统的手法也得到很多业内人士的质疑。有人说虎美玲是常派的“叛逆”，还有人到常老师那儿去吹风。常老师把虎美玲叫去询问了情况，后又看了剧目，对虎美玲说：“你演的《断桥》很像我的演出，是我的好学生；但你在老剧目基础上又大胆革新，学我的创新精神也是我的好学生，我支持你。”虎美玲非常感谢老师的理解和支持，从此更加尊重老师的人品艺德和博大的胸怀。几年过去，新版《白蛇传》经受住了时间的考验，它的唯美风格得到了大多数观众的认可，那一段在断桥边的对白和咏唱，美不胜收，让人陶醉，让人传唱。

2003年，郑州市豫剧院新排了由著名剧作家姚金成创作的大型新编历史剧《风山行》（后改名《曹公外传》），该剧取材于清道光年间台湾凤山县（高山族聚居地区）知县、河南沁阳人曹谨的事迹。曹谨在台为

虎美玲在新版《白蛇传》中饰白素贞

官期间，率领当地民众修渠引水，造福于民，其功绩至今令台湾人民念念不忘，凤山一带更是为他立祠建庙，奉若神明。虎美玲在该剧中扮演深明大义、朴实端庄的曹夫人，与实力派须生刘昌东扮演的曹谨相得益彰，互为衬托。同年9月11日晚，郑州市豫剧院大型新编历史剧《凤山行》晋京参加第三届全国少数民族文艺会演，进行了汇报演出，好评如潮，掌声如雷。当年的10月，《曹公外传》由郑州市豫剧院与台湾豫剧团联袂演出，参加了“豫剧入台50年”纪念活动，并在台湾台北、新

虎美玲在《曹公外传》中饰曹夫人

竹、台中、凤山等地巡回演出，受到台湾民众的热烈欢迎。2005 年《曹公外传》在北京长安大剧院演出，受到国家领导人高度评价。2010 年 9 月 10 日，“两岸戏曲展演周”第四场演出豫剧《曹公外传》，在河南人民会堂演出，荟萃了两岸的艺术名家，仅“曹夫人”一角，就有虎美玲和台湾“豫剧小皇后”萧扬玲两位知名戏曲家分别饰演，两岸艺术家携手合作，共同打造同一个艺术形象，一时传为艺术界的佳话。曹谨由郑州市豫剧院国家一级演员刘昌东饰演。该剧根据台湾观众的欣赏习惯，融

虎美玲在《美兮洛神》中饰甄宓

入了台湾的民谣，又以当地著名的民歌《望春风》作为主题曲，贯穿始终，在传统的豫剧表演形式中又根据台湾的风土民情，将具有地域特色的《八家将》、《车鼓阵》等民族歌舞融入戏中，突出了剧目的本土化色彩和时代意味。来自中原的豫剧声腔与台湾风情的交融，建制完整的乐队伴奏，个性鲜明的清代服装，精美的舞台饰景和现代灯光，加之两岸艺术家们的倾情合作，引得现场的观众喝彩连连，叫好不断，也把此次“两岸戏曲展演周”推向了新的高潮。

2008 年 3 月 23 日，由著名剧作家孟华、王明山共同创作，由郑州市豫剧院排演的大型原创神话豫剧《美兮洛神》在郑州艺术宫首演，由虎美玲、刘晓燕、张兰珍、马刚良等担纲主演、惊艳亮相，这是一个美轮美奂的新派豫剧。大幕拉开，伊洛河畔，一袭白衣的曹子建手执长笛，美丽的甄宓从波光艳影中缓缓升台出现，场景美得如梦如幻，又瞬时转至鼓声雷动、朴拙壮观的远古时代，舞美精致得如同风光大片。“你就是我的甄妃、我的爱？用你那灵动的目光滋润我枯竭干涸的心吧……”接下来的咏叹调般的台词和舞蹈、合唱、独唱，让观众震惊。虎美玲扮演了下半场的甄宓，让大家欣赏到了一个优雅、忧郁、情感充沛的女性。该剧的创新和探索也许会引发一轮关于豫剧创新精神的争论，但它的唯美让爱或不爱豫剧的人都惊叹不已，具有大家无法抗拒的魅力。

三、培育桃李满天霞

经过数年的拼搏和努力，虎美玲已经成为著名的豫剧表演艺术家。近年来，她自觉地把培养豫剧人才作为自己的社会责任。以不同的方式收养贫困地区的孤儿和贫困孩子共六个，并着手把他们培养成对祖国有用的人才，其中一个学习戏曲，并且已经获得了小梅花奖。

特别是朱贞贞的故事，令人感动。中国剧协书记处书记廖奔说：“那年我到郑州参加戏曲‘红梅奖’颁奖，5岁的朱贞贞演唱《香魂女》里面一段唱，获得第一名，她的表演真是把观众都给轰动了。下来后，朱贞贞的两位老师告诉我，贞贞的父母离婚，情况不好，管不了她，是他们一直在培养她。现在贞贞这么有天分，他们只是普通戏曲教师，已经不能再继续培养她，怕误了她。所以恳求我给她在北京找个老师。我说北京哪有好的豫剧老师啊？他们说改学京剧也行。我很犹豫，孩子已经充分显示了豫剧才能，改行不一定好。谁曾想，时隔不久，虎美玲就收养了贞贞并亲自教她演戏，这令我感动，让我看到虎美玲老师大爱无言的精神。”

“桃李无言，下自成蹊”，在虎美玲艺术魅力的感召下，全国豫剧界的众多青年新秀，纷纷前去投师学艺，如耿荣、杨红霞、马红艳、连德志（河南）；刘翠芳（山东）、熊小玲（新疆）……，在虎美玲的精心栽培下，通过她们个人的努力，均已成为当地剧团的“台柱子”。其中，河南省豫剧三团的杨红霞已成为我省著名的青年豫剧表演艺术家，摘取了第21届梅花奖；郑州市豫剧院的连德志是豫剧目前唯一的优秀男旦演员，在豫剧舞台上熠熠生辉；山东的刘翠芳已成为国家一级演员，常年在山东传播着豫剧艺术。

特别是近年来收的台湾学生萧扬玲，她虽然在“台湾豫剧皇后”王海玲的培养下，已经具有相当的艺术功力，但她还愿意在豫剧的老家郑州再拜上一位老师，当然是想让豫剧更纯正、更传统。

那是一次激动人心的收徒。2004年2月，来自台湾豫剧团的青年优秀演员萧扬玲专程到郑州向虎美玲学习《义烈女》这出戏。那时郑州天气还很冷，她从台湾南部高雄市来，更觉天寒。当时正巧虎美玲在北京参加全国人民代表大会，于是，虎美玲立即打电话安排人给萧扬玲的住室装上空调，并派一名会拉板胡的副院长帮她吊嗓子。虎美玲一从北京回到郑州，马上就手把手地给萧扬玲教戏，一直教了两个月，直到萧扬玲学会。萧扬玲感激地说：“因为《义烈女》这出戏的唱腔，虎老师集中了很多的派别，有‘桑派’也有‘祥符调’，这出戏呢又有重唱，她帮助我找到了音域的定位，也就是唱腔发展的方向。”在郑州近2个月潜心学习传统豫剧《义烈女》的过程中，萧扬玲在唱腔和表演方面都有了很大提高，在被虎美玲艺术魅力所吸引的同时，她更为虎美玲老师的艺德和人品所折服，主动提出要拜虎美玲为师，为使台湾豫剧艺术能够梆弦不辍，薪火相传，虎美玲老师欣然答应了她的要求。2004年4月19日下

虎美玲在《义烈女》中饰童玉珊

午，虎美玲在郑州举办了一个隆重的收徒仪式。来自台湾国光剧团豫剧队优秀青年演员萧扬玲成为了虎美玲的正式弟子，成为向内地豫剧表演艺术家拜师学艺的首位台湾豫剧演员。在拜师仪式上，虎美玲希望萧扬玲继续努力学习，使豫剧在台湾发扬光大。同时虎美玲也很激动，她说："扬玲提出要拜师，我当时感觉教她是教学相长，她那种对艺术追求的执著精神，也使我学到好多东西。收这么多徒弟我没哭过，但在那一天我心情激动地哭了。"

虎美玲还亲自创建了"虎美玲艺术学校"，为培养豫剧艺术的新生力量，从娃娃抓起，进行豫剧教育和薪火相传。

四、回报社会献真情

虎美玲常年涉足于广大农村、部队及全国各大油田等工矿企业，并率团辗转于北京、天津、西安、新疆、济南、昆明、杭州、广州、深圳各地，受到名界人士的欢迎与好评。但她时刻不忘人民、祖国和党的培育之恩，她不仅把戏送到农村、部队和全国各大油田，而且多次率团为抗震救灾、抗洪救灾捐资义演，以实际行动回报社会、奉献真情。

2008 年 5 月 29 日晚，全国戏曲界四川汶川地震抗震救灾义演在北京长安大戏院举行。全国各戏曲院团的老、中、青演员共百名登台演出。虎美玲义务参加演出，献出豫剧演员的一片爱心。

2009 年"六一"国际儿童节，也是常香玉大师逝世 5 周年的日子。虎美玲出资 1.5 万元购买了千余册图书送到新郑市辛店镇北靳楼小学，建起了"虎美玲希望书屋"。"给孩子们买吃的买穿的不如给他们买书，这些书将为孩子们的未来带来无形的帮助。"为了购买这些图书，她在书店选购了整整一天，并借鉴了儿童阅读专家推荐的书目。"希望书屋"中有《走进名著》、《图书天下》、《动物科普童话》等不同系列、不同内容和有针对性的少儿读物，使农村孩子也能得到书籍带来的全面"营养灌溉"。她希望能够通过这种方式来纪念老师常香玉，发扬老师"艺术为人民"的精神。而且为了不影响孩子们上课，"虎美玲希望书屋捐赠仪式"是在孩子们放学之后回家之前的间隙进行的。虎美玲亲自将精心挑选的图书交到孩子们手中，郑州市、新郑市有关领导和北靳楼小学的 200 多名师生共同见证了这一时刻。

虎美玲向北靳楼小学的学生们赠书

五、传接火炬传承豫剧

2008年，虎美玲光荣地被选拔为北京奥运火炬手，参加郑州段圣火火炬传递。当得知这个任务，虎美玲心里又激动又高兴，她觉得：中国举办奥运会是中国的骄傲，是中华民族的骄傲、是每一个中国人的骄傲。中国举办奥运会面对的是整个世界，作为火炬手，不仅是个人风采的展示，还要展示出中国人和中华民族的精神。经过2008年上半年的雪灾、地震等灾害，就可以看到我们中国人的团结奋进，中国精神是哪个国家都比不了的！

虎美玲作为国家一级演员，全国人大代表，曾获得无数殊荣，但她却把“奥运火炬手”的身份看成是最大的荣誉。“我不是体育界人士，虽然跑没有问题，但能选择我在全国、全世界观众面前来展现郑州、展示中国的形象，我感到身上的担子沉甸甸的”。她不但将那棒圣火传递得非常好，而且还琢磨显示了豫剧舞台代表性的动作，她感到“火炬手由社会各界、各种职业的人士组成，代表了社会的方方面面。对我而言，圣火传递也象征着豫剧艺术的薪火相传。作为火炬手，我的责任就是‘传

2008 年，虎美玲担任“奥运火炬手”

递’，这与豫剧艺术的传承有着相通的地方”。她的想法和成就得到了上级有关部门的认可。

2008 年 2 月，文化部公布了第二批包括传统戏剧、曲艺等五大类共 551 名国家级非物质文化遗产项目代表性传承人，虎美玲作为豫剧代表人名列其中。在虎美玲看来，“传承人”这一称号是对自己豫剧表演水平最大程度的肯定。入选国家级非物质文化遗产传承人，虎美玲感到自身责任重大。虎美玲说："传承豫剧这个传统文化，我感到很荣幸，更感到使命重大。作为传承人，要继承好，要能完整而生动地继承祖先文化；要'接好班、传好班'，发展、延续、传播戏曲，弘扬民族文化。"

在虎美玲看来，在保护和传承传统戏曲过程中，最大的困难不是新演员缺乏，而是如何抓住青年观众。"现在，戏曲舞台下面都是老同志，老戏迷比较多，年轻的观众比较少。舞台上有青年人来传承，观众也要有青年人，否则有人唱戏，没人看戏了。"虎美玲认为，培养青年观众对传统戏曲的兴趣和传承至关重要。

为完成这一使命，虎美玲认为应该采取两个措施：一是要用有效的手段和方法来宣传戏曲这个国粹。人们只有认识了，才能热爱。为此，她认为豫剧不能再像以前那样局限于剧院和舞台，要走向社会。为此她身体力行，先到大学里普及戏曲。虎美玲经常到大专院校，给大学生们讲授戏曲知识。她先后到了郑州大学、河南大学、河南师范学院、郑州师专传授戏曲知识。她每次都是一上午在备课，然后下午两点多钟到教室上课，先是向他们介绍戏曲"三五步行遍天下，六七人百万雄兵"的中国戏曲象征性和舞台时空特征；又讲述戏曲运用程式化的表演，使语言、歌唱、表演动作都形成为一定的格式、一定的规范与生活的自然状态保持着某种距离，比如骑马、上楼、关门、开窗，都有一套规范的动作符号；再讲述马鞭、水袖、船桨这些道具的功能；还介绍"千斤念白四两唱"的重要性。使学生了解戏曲的基本特点，第二堂课就进行《花木兰》等具体剧目的念唱示范，结果学生们听的津津有味，看的激情投入，掌声不断。虎美玲说："为什么有的青年人不爱看戏，除了受其他媒体的冲击以外，还有不懂戏曲特征造成的。现在我讲课之所以在这些大学生中受到欢迎，是因为他们先听课再看戏，因为看懂了就有了共鸣，所以教学效果极好。"为了在大学生中普及戏曲，她付出了极大的劳动，每次又讲又示范，都把她累得精疲力尽，连晚饭都不想吃。但她为了传承戏曲，还是坚持做下去。她在不厌其烦地解答和演示动作中也看到了希望，"他们不是讨厌戏曲，很多学生还是愿意了解戏曲文化的，只是需要有人去引导他们"。大学生表现出的对豫剧等传统戏曲的好奇和兴趣让虎美玲有了动力，她像一只不知疲倦的布谷鸟一样四处言传身教。

二是要培养少年儿童做戏曲观众接班人。虎美玲利用全国人大代表的身份，在2010年的全国"两会"上，她提交了"关于保护和传承好地方文化的建议"，希望全社会都来共同保护那些富有地方特色的文化精粹。虎美玲了解到，现在很多地方，京剧已经进入了中小学生课堂，"为

两会期间，国务院总理温家宝接见河南代表团部分代表（右一为虎美玲）

什么不能让更多的地方戏剧艺术也进入课堂呢？”虎美玲将这个想法写进了她的建议：“我建议，在学生课程里，设置地方特色的戏剧知识课，我们的传统文化特别丰富，全国这么多的剧种，每一个地方都有自己的地方特色，要百花齐放，而不是一枝独秀。”只要能让各地的少年儿童从跨进校门就从书本中接触地方戏艺术，何愁他们以后不热爱戏曲，这是虎美玲对保护和传承非物质文化遗产献计献策的一个良好的出发点。

六、对豫剧充满信心

虽然，传统的戏曲在新时期的发展中有着这样或那样的困难，但是，虎美玲还是充满着信心，有着自己美好的憧憬。

她觉得“戏曲也要与时俱进，进行一些改革。比如，适当加快一些节奏，多创作一些新剧目，剧本改编时适当加入一些现代人的思维”。除了剧本，虎美玲认为戏曲还可以在灯光布景、台词、节奏等方面加入现代元素，要“新”、“快”，让青年人一看就明白，“时代变了，观众对唱戏的要求也不一样，最早是听戏，后来是看戏，现在是欣赏艺术了”。“创新的路不好走，观众的审美水平提高了，豫剧本身也要变。任何创新

中共河南省委书记卢展工（二排左七）接见《曹公外传》剧组

都非常艰难，但这条路是必须要走的。我们要以开放的心态迎接挑战”。

另外，虎美玲也注意到，创新是必要的，但并不意味着可以毫无边际地追“新”求“异”，脱离艺术的精髓。“戏曲的创新不能改变原来核心的东西，比如豫剧，要是一味创新，改得像京剧了，就不行”。虎美玲说：“应该在传统的基础上创新、推进，让老同志能接受，也能吸引新观众。如果改得不伦不类，脱离了本质，那就不叫豫剧了。”

为了传承豫剧，虎美玲认为“青年演员是豫剧的希望。”，她非常重视对青年演员的培养和发展，把一身的技艺毫无保留地教给新人。在近几年郑州市豫剧院排演的新戏里，如《老子、儿子、弦子》、《嵩山长霞》等剧目，虎美玲很少担任主角，而是甘当绿叶。“应该给年轻人更多的机会。多经历一次挑战，就能多成长一分”。不仅如此，虎美玲还吸收其他剧团的演员参与新戏演出。虎美玲说：“不管是不是我们团的，只要能推进豫剧的发展，只要对这出戏有利，对这个剧种有利，我们都可以吸收进来。豫剧界一定要团结，这样才能有发展。”

目前，虎美玲老师虽年过花甲，但仍然有着很好的舞台青春，无论嗓音、扮像、身条还是身段功夫都依然风采不减当年，这和她常年坚持不懈地练功分不开，也和她为艺术奉献的毅力分不开，如今她的舞台艺术愈发炉火纯青，仍然有着极大的创新潜力。

著名京剧表演艺术家孙毓敏充满期待的说：希望虎美玲创立豫剧的虎派艺术，我认为她有这个实力。所谓流派，无非具备四个条件：一、先要成名。虎美玲早已名满天下，是第七届中国戏剧梅花奖、今日中国豫剧十大名旦金奖得主。二、要有自己的风格特点。有时候缺陷也是特点。例如京剧麒派唱腔，以嗓音沙哑为美，就是因为它的创立者周信芳先生天生嗓子哑，但他克服了先天的不足，反而把沙哑变成了老生唱腔的一种独特风格。虎美玲的特点使得豫剧在继续保持阳刚的基础上又一定程度地柔美化了。三、要有自己的代表剧目。这一点虎美玲做了很多，还需继续努力，并且要下大力气。四、要有传人。虎美玲在这方面一直做得很好，重视培养年轻人，她有这么多的学生分布在全国各地，成为豫剧的中兴力量，和她的乐于施教、认真传授是分不开的。她如果能够每两三年拿出一部代表作品，有了三几部的积累后，流派的形成是大有希望的。

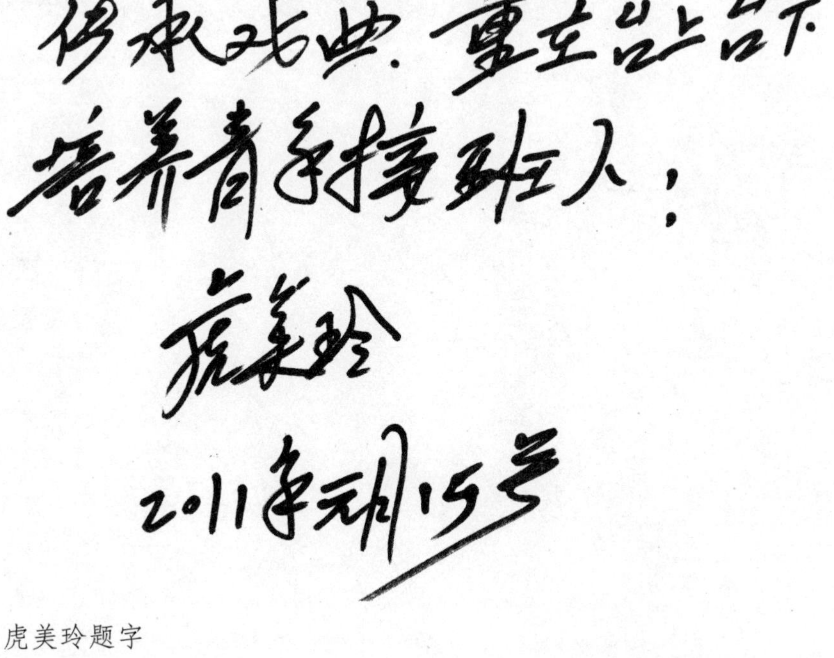

虎美玲题字

2010 年 10 月 27 日晚，为了慰问受灾的海南人民，河南省文化厅组织了慰问演出，“河南豫剧名家名段折子戏慰问海南专场”在海南省歌舞剧院演出。虎美玲在接受《海南日报》记者专访时说：“我从电视上看到海南遭受历史罕见的水灾，河南省文化厅组织慰问演出，我报名参加，希望能为受到水灾的海南人民做些贡献。要用自己的表演，为在海南抢险救灾中的部队官兵，以及在抗洪救灾中的先进分子带来豫剧浓浓的戏曲情。”当天的演出，台下观众掌声、喝彩声不绝，演员演出的高潮一个接着一个，非常感人。

除了演出，虎美玲现在考虑最多的是地方戏曲的传承与发展，作为全国人大代表，她不止一次把有关戏剧文化传承的议案带到北京。虎美玲认为，地方戏剧应该创新题材，对戏剧进行艺术包装，用情感打动观众。她愿为此尽自己毕生之力。

愿常派虎韵的豫剧大家——虎美玲能够心想事成，为豫剧事业做出更大的贡献。

作者2010年11月采访虎美玲于“香玉大舞台”。
2010年12月9日再次采访于河南电视台8号演播厅。
2011年元月15日第三次采访于郑州豫剧院。
插图照片由虎美玲提供

牛淑贤

豫剧北派金凤凰

艺术小传

个人概况：

牛淑贤，女，河南省柘城县人，1946 年出生在河南商丘市。1959 年调入邯郸东风豫剧团。曾任东风豫剧一团团长。豫剧皇后陈素真大师的关门弟子。国家一级演员、中国戏剧家协会会员、河北省文联委员、邯郸市青联委员、第七届中国戏剧“梅花奖”得主、河北省政府命名的“豫剧优秀表演艺术家”、“今日中国豫剧十大名旦”金奖得主，享受国务院政府特殊津贴。2000 年，调入邯郸市文化局戏剧艺术研究所工作直至退休。1984 年录制盒式磁带，2000 年，花山文艺出版社出版了《燕赵十三梅——牛淑贤》，较为全面地介绍了牛淑贤的成长经历及事迹。

获奖情况：

1987 年，在《丫环传奇》中饰小翠，荣获河北省首届戏剧节演员一等奖；

1987 年，荣获四省十四市豫剧中青年演员广播大奖赛一等奖；

1988 年，荣获河北省中青年戏曲演员电视大赛一等奖；

1988 年，荣获全国首届中青年演员电视大奖赛最佳演员奖；

1989 年，演出新编历史剧《夜叉女》，荣获河北文艺振兴奖；

1989 年，牛淑贤带着《红娘·报信·拷红》、《宇宙锋·装疯》、《梵王宫·梳妆》三出折子戏进京演出获得成功，荣登第七届中国戏剧“梅花奖”榜首。

1990 年，荣获河北省第二届戏剧节优秀演员一等奖；

1991 年，河北省人民政府授于她“优秀表演艺术家”光荣称号；

1993 年，荣获“今日中国豫剧十大名旦”金奖；

2003 年，荣获美国美华艺术协会、林肯艺术中心和纽约市文化局颁发的“亚洲终身艺术成就奖”。

代表剧目：

《红娘》、《梵王宫》、《宇宙锋》、《荀灌娘》、《拾玉镯》、《棒打薄情郎》、《打金枝》、《大祭桩》、《丫环传奇》、《夜叉女》、《西出阳关》、《虎符》等。1985 年拍戏曲电影《棒打薄情郎》，1986 年拍戏曲电影《丫环传奇》等。

艺术特色：

牛淑贤戏路宽广，花旦、青衣、小生、武生都能应付自如。师从豫剧表演艺术家陈素真，还吸纳豫剧各流派之长，同时借鉴歌剧、评剧、黄梅戏及民间小调的唱法，形成了自己嗓音明快清晰，演唱委婉细腻，流畅舒展；表演上潇洒自如，活泼俏丽，浑身是戏的独特风格。

艺术人生

一、“五岁红”誉满神州

牛淑贤出身梨园世家，父母、舅父都从事豫剧工作。牛淑贤的舅父刘荣鑫（艺名白菜心，名老艺人）、母亲刘荣花皆是“祥符调”大家，给了她从事戏曲艺术最扎实的基本知识。她自幼随父母学艺，四岁学戏，五岁登台演出，一鸣惊人，唱红梨园，被赋予“五岁红”的艺名，开始了她的舞台生涯。后来，她学艺于邯郸戏校，受教于宋淑云、周兰凤、桑振君等戏曲名家，专攻闺门旦、花旦、青衣，后拜师陈素真，深得老师真传。

牛淑贤幼时四处飘泊，爹娘到哪儿搭班演戏，她就在哪儿的戏台边生活。1950 年随父母到河北曲周豫剧团，1960 年又随父母落户到大河道乡前河道村。13 岁参加河北省邯郸地区东风豫剧团工作，从此才安定下来。

二、“豫剧皇后”的关门弟子

著名豫剧大师陈素真年轻时被人誉为“豫剧皇后”，曾在邯郸豫剧团工作。牛淑贤13岁进入东风豫剧团，后来成为陈素真的关门弟子。

陈素真曾在一次艺术座谈会上说：“我一生收了那么多徒弟，可是我最喜欢的有两个，一个是这次到北京来演出的牛淑贤，一个是开封市豫剧团的李雪波。淑贤从上世纪50年代末开始跟我学习《拾玉镯》、《梵王宫》。从小我就特别喜欢她。她学戏很有灵气、才气，人品也好。所以，我这个人还是承认天才，淑贤就属于有天才、有灵气的演员。”

《梵王宫》是牛淑贤学演的“陈派”代表剧目之一，这是一出颇见功力的花旦戏。她运用唱、念、做、舞各种表演形式，塑造了活泼纯真、多情而善良的少女耶含嫣的舞台形象，可谓一招一式见真功，一颦一笑都带戏。“梳妆”一折，是该剧既无一句唱腔，又无一句念白的“独角戏”。在这场长达十五六分钟的戏里，牛淑贤表演的“穿衣”、“要辫”、“要扇”等一举一动都能传情达意，精妙绝伦。在欢快的乐器伴奏声中，只见她巧妙地在转身的一瞬间系上裙子，又在表演一个舞蹈动作时，疾速穿好上衣，继而在大家尚未反应过来的一刹那系上扣子，极其利索。在“要辫”、“要扇”表演中，她左手甩动大辫，右手挥舞折扇，双脚迈着小蹉步，干净麻利，轻盈明快，生活气息非常浓郁。这段表演，看起来令人眼花缭乱，但她的一举一动，却错落有致，层次分明。牛淑贤以“此处无声胜有声”的精彩表演，表达出耶含嫣欲见情人时急切而狂喜的心情……。

牛淑贤在《拾玉镯》中饰孙玉姣

牛淑贤在《宇宙锋》中饰赵艳容

《梵王宫》是一出唱做并重的花旦应工剧目。牛淑贤每次演出都会得到观众的热烈赞誉：洒脱自如的表演、俏丽委婉的唱腔，极像年轻时的陈素真。每次听到这些赞誉，牛淑贤总是诚惶诚恐，并说自己与老师的差距还很远，一直铭记老师的教诲：演戏是要为戏曲人物服务，不能嗓子好就去卖弄嗓子、表演好就去卖弄表演，不能脱离人物而表演自己，更不能以这样的方式去要观众廉价的掌声，这是一个演员最大的忌讳。

京剧大师梅兰芳先生的京剧《宇宙锋》、汉剧大师陈伯华的汉剧《宇宙锋》、豫剧大师陈素真的豫剧《宇宙锋》并称为戏曲界的“三锋”而享誉梨园，特别是豫剧版本的《宇宙锋》以青衣戏的唱做念表并重而别具一格。牛淑贤完整地继承了《宇宙锋》的陈派特色，每次演来都是那么得心应手、生动传神。但是，牛淑贤却谦虚地说：“每次演出这出剧目都能明显感觉到不足，特别是‘装疯’时赵艳容的那一声‘哇’与那传神的一指，永远都比不了陈老师。”

三、京剧大师传授真谛

1959年10月，牛淑贤作为刚组建的东风豫剧团主要演员首次赴北京演出，以一出《红娘》一炮打响，受到毛主席、周总理、郭沫若等老一辈革命家、艺术家的接见，被毛主席称赞为“我们的戏剧后继有人”。同年，中央新闻纪录电影制片厂还专门为她拍摄了纪录片《多才多艺的小演员》；1990年又专为她拍摄了《五岁红·牛淑贤》专辑，被首都新闻界誉为“银幕上的第一朵梅花”。

因为周总理、郭沫若都很关心东风豫剧团这些很有天赋的孩子们，很多京剧大师也很青睐这批小演员。郭沫若亲自为东风剧团改编了《虎符》，牛淑贤在这个戏里扮演信陵君，并多次进京为中央首长汇报演出。1962年，郭沫若欣然给梅兰芳、荀慧生两位京剧大师写信，推荐牛淑贤前去学习。梅兰芳大师告诉牛淑贤，演戏首先要练眼神，眼睛是心灵的窗户，只有眼睛活了，人物才能传神。梅大师还为牛淑贤表演一折《宇宙锋》，以作示范。在荀慧生家里，荀老亲自辅导牛淑贤练功，一招一式地比划给她看。他说：“你们演戏，一要继承豫剧的粗犷挺拔，二要吸收京剧的细腻传神，表演时要身段规矩，形像神似。”两位大师的指点，给牛淑贤以后的艺术生涯产生了深远影响。之后，她以一出《打金枝》艺惊剧坛；她把吸收了京剧长处的豫剧《卖水》展现在舞台上，让所有名家对她的表演刮目相看。新中国建立50周年大庆时剧团重新复排了《虎符》，她反串信陵君，俨然一副小生兼老生的派头。

四、创新梨园拓豫剧

牛淑贤的从艺道路是曲折的。“文革”初期，她被划为“黑五类”，不能参加所谓的“群众组织”。但是，她并没有因此放弃自己心爱的戏曲艺术，而是抓紧一切时间进行练习，有时练到深夜甚至次日凌晨。1968年，她同本团演员池海连结婚后，夫妻俩坚持练习豫剧的基本功，从不间断。无论是花旦、青衣戏，还是小生、武生戏，牛淑贤都能应付自如。由于基本功扎实，在饰演现代戏《红灯记》中的铁梅、《智取威虎山》中的小常宝时，赢得了阵阵掌声。在那个非常年代，剧团领导也不得不把她当成主要演员看待。

1959 年牛淑贤在《红娘》中饰红娘

牛淑贤（左）在《红娘》中饰红娘

十一届三中全会前后，牛淑贤进入了她创作的辉煌时期。1977 年秋，她应郭沫若之邀到北京观摩了新上演的几个传统戏。郭老为她题词：“五年阔别又携手，且喜蔷薇花正红。四害根除天下乐，双双对对颂东风。”在此之后到 1984 年的时间里，牛淑贤先后排演了《梵王宫》、《大祭桩》、《西出阳关》、《丫环传奇》、《棒打薄情郎》等优秀剧目，受到广大群众的欢迎。她的艺术风格不仅广纳豫剧各流派之长，而且吸收歌剧、评剧、黄梅戏以及民间小调的唱法和旋律，并将歌唱艺术的发声方法巧妙地融合到豫剧演唱之中，探索出一种独特的唱腔风格，充分体现了“北派豫剧”的魅力。1980 年 5 月，她成为中国戏剧家协会会员。

牛淑贤作为邯郸东风豫剧团几十年的当家花旦，戏路宽广，博采众长，一上台便浑身是戏，满台生辉。1985 年，她带着《大祭桩》和《西出阳关》回故乡河南巡回演出。在演出中，她糅常派的跌宕起伏与陈派的珠圆玉润于一体，在郑州中州影剧院连演数十场，场场爆满，省城轰动一时。《河南日报》、《郑州晚报》、《开封日报》连发评论文章，《喜看东风花正红》一文写道：“当年的‘五岁红’佳苗，已长成临风玉树，牛淑贤演唱声情并茂，使人顿觉耳目一新。”当时，常香玉、杨兰春、许寄秋等知名人士连看数场，河南剧协为此召开座谈会。常香玉说：“牛淑贤演得很成功，她的表演自成一家。”接着，牛淑贤又西赴洛阳、潼关、西安，历时两年，同样受到热烈欢迎。最后牛淑贤在郑州作总结演出，河南省剧协再次为她召开座谈会，《河南日报》发表专评《新的豫剧流派在萌动》：“她的表演艺术属于哪一派？——都属于，又都不属于。”

五、牛淑贤的表演艺术

20世纪五十年代，邯郸市东风豫剧团进京，演出了《杨门女将》等剧目。当时只有13岁的牛淑贤饰演的杨文广、红娘，以其特有的童稚的艺术灵气，给观众留下了很深的印象。后来，牛淑贤再次进京，演出了《红娘·报信·拷红》、《宇宙锋·装疯》、《梵王宫·梳妆》和新创作的神话剧《夜叉女》，牛淑贤的艺术日臻纯熟，开始了个人演出风格上的追求。

一，她是用心演戏。在“拷红”一折里，牛淑贤饰演的红娘指责老夫人“都是你老夫人一时之过”时，不是一口气把台词念完。她手指老夫人，刚念到“都是你”三字，欲说又止，看看老夫人的脸色，手指也跟着缩了回去。到实在不能不说时，又鼓足了勇气，重又把手指向老夫人，仿佛要声色俱厉地数落老夫人的过错，及至话到唇边又软了下来，用小孩子撒娇的语调说出了“老夫人一时之过”的台词。这种处理符合人物的身份，也符合人物的性格。

在《梵王宫·梳妆》一折中，牛淑贤扮演的耶含嫣的三次梳妆表演，有层次地表现了含嫣的相思之情，牛淑贤处理成含嫣早就梳洗打扮停当，等着花轿到来，花轿还不来，她对着镜子左照右照，擦粉、戴花，流露出心情的缭乱；第二次含嫣坐到镜子前面，牛淑贤处理成手抓粉扑却不扑粉，耳朵听着门外的动静，人在闺中，心在街上，表现出人物心驰神往的情态；第三次坐在镜子前面，牛淑贤基本上没有什么动作，却能以静显动，把一个闺中少女等待和恋人相会的心情刻画得十分准确、生动。

二，她演戏层次分明、分寸感强。这在她演出的正工青衣戏《宇宙锋·装疯》一折中，表现得十分突出。牛淑贤饰演的赵艳容，以沉缓的台步、庄重的面目表情上场，表现了赵艳容郁郁寡欢、愁肠百结的内心情感。赵艳容得知皇帝对匡家的事既往不咎，并让赵艳容进宫陪王伴驾，牛淑贤的表演，先是一喜，继而又是一惊。在父命与圣命的威逼之下，她又表现了人物由惊到悲，由悲到痛，由痛到气愤，由气愤到无计可施、

牛淑贤在《宇宙锋》中饰赵艳容

百般焦虑，表演则是由缓到急，由软到硬，由弱到强。为表现人物的情急似火，牛淑贤运用水袖的抖动和上下翻飞，忽而疾若风卷，忽而柔若轻云，表现出人物内心的强烈冲突。在赵艳容被逼不得已扯青丝、抓花容、脱绣履、扯罗衫之后，牛淑贤又安排了内涵丰富、层次分明的三笑：一笑是苦笑，笑自己堂堂相府千金竟然落到这般可怜境地；二笑是爆发式的，似疯似恨；第三声笑是硬挤出来的笑，充满了痛苦、又给人以真疯的感觉。这段表演含蓄、顺畅、自然、合理，层次清楚。牛淑贤的表演服务于表现赵艳容这个人物心灵的痛苦和强烈的反抗精神，因此是很感人的。

三，牛淑贤表演的另一特色是讲究美。戏曲是很讲究形式美的艺术。牛淑贤的表演注重追求形式美：一个上楼下楼的动作，有的演员认为没有什么了不起，一带而过。牛淑贤却很是讲究，“送信”中红娘的上楼极轻极快，腰是弯着的，做手扶栏杆的虚拟动作，下楼挺直身子，走滑步，这一切既符合生活，又给人以美感，是经过提炼加工升华为艺术的动作。牛淑贤的表演不是孤立的、单纯的为美而美，我们看到她所追求的是与人物相结合的一种形式美。红娘见莺莺施礼是走半个圆场后，随着腰的摆动，借助脚下的惯性，很自然地深施一礼，动作洒脱漂亮。但这一礼不是放到什么地方都可以的，这里表现了红娘此时此刻的顽皮与得意。

再如“拷红”的下半场。牛淑贤出门的动作是踮起脚尖，人就显得挺拔大气了。接着她走出一种极轻极快，轻飘飘的台步，犹如风摆柳枝般的舒展优美。这也不是为美而美，红娘经受了一场电闪雷鸣般的拷问，她不但挺过了，而且说服了老夫人，从红娘走路的步子，观众感受到的是人物获胜后的喜悦、轻松。《梵王宫·梳妆》一折中，甩大辫是技巧性很强的动作，牛淑贤穿嫁衣甩辫子的动作比一般演员甩得高，飞了起来。这不是卖弄技巧，而是结合自身条件设计的，听到花轿到来，她一手要辫子，一手要手绢，脚下走蹉步的三合一动作，是她的创作，技术性很强，也很美，又起到了表现人物终于盼到花轿到来的极度兴奋之态。

牛淑贤作为花旦演员，不但做工好，唱也很讲究。河南观众说她的唱听着新鲜，不那么土，不大喊大叫，有豫剧味儿，而且“好听”、“美气”。究其原因，在于她胸腔共鸣、鼻腔共鸣，脑后音用得好，并把西洋唱法，如花腔女高音中的“打”音糅进豫剧演唱之中。《梵王宫》中“花妈妈昨日对我言讲”一段唱，牛淑贤是以柔、美、甜取胜，字字清晰，句句入耳，有一股甜蜜感，仿佛蜿蜒小溪，流入心田，清新甘冽，极具感染力。《拷红》中“你情愿把小姐许他为婚”一段唱，牛淑贤唱得软中带硬、柔中含刚。给人的感觉是红娘仔细地寻找着字眼，一是要灭老夫人的火气，二是要晓之以理，三是绵里藏针，使老夫人知道其中的厉害。在唱“那时节张君瑞挺身出院”一段时，开始牛淑贤唱得句句有力，仿佛在与老夫人辩论，唱到“姑娘在闺中想啊……”时，变得轻柔起来，唱出了一对恋人两处相思的柔情和意境，唱“藕断丝连你种下根源”时，她把音量加大、加重，起到突出强调作用，既有对张生、莺莺的同情，又含有对老夫人的指责。最后一句“我问你这些错可叫谁来承担”，继承了常（香玉）派拖腔中的唱法，成为画龙点睛之笔，强调红娘对老夫人背信弃义行为的询问，突出了红娘的正义感。

由于牛淑贤重视戏曲艺术形式美的体现，所以她的表演达到了美视美听的程度。

四，牛淑贤具有自我突破和创新的能力。牛淑贤在新编剧目《夜叉女》中塑造了一个在天在地，在水在空，勇捷轻灵，富于变化，吃恶人，祛恶鬼，维护众生界的女夜叉形象。在民间，人们常把凶悍丑陋的恶女人呼之为“母夜叉”。牛淑贤塑造的夜叉女却是貌美、心善、多情多义、正直大胆的美夜叉。如何表现这个美夜叉既貌美心善、又粗犷勇捷，这是需要有一定的艺术创造功力的。夜叉女幻化成美妇人与古儿旦在湖畔相会一场戏中，牛淑贤的表演基本是花旦明快活泼的风格，在少妇的娇憨、村姑的质朴中，表现夜叉女的多情。只有在与古儿旦谈到酒时，牛淑贤的表演变得豪放起来，见棱见角，显出了那个善饮的莽夜叉的影子。在夜叉女幻成书生后，牛淑贤运用小生的水袖功和扇子功，把个少年书生演得风流倜傥，俊逸脱俗。当她和卜大年对话时，不但语言尖刻，表情中还显露出一丝杀气。夜叉女露出真面目是在古儿旦疯癫后，由于夜叉女始终是俊扮，没有采用戏曲以脸谱刻画人物的办法，这就要求演员用形体动作去表演。这时的夜叉女只袒露出一支手臂，与一般的神鬼不同，显出一点野劲。当夜叉女知道卜大年害人的真相后，她怒不可遏。牛淑贤运用仅有的一支长水袖连抖三下，动作中揉进了尚（小云）派的表演风格，使人物变得凌厉起来。夜叉女受审一场戏主要是以道白刻画人物的刚正不阿、嫉恶如仇。牛淑贤为增强声音的气势和力度，吸收了花脸的道白，并运用了“炸”音。在黑白无常押解夜叉女投胎的路上，牛淑贤运用了刀马旦的动作，唱腔也吸收了河北梆子的某些板式。

很显然，牛淑贤娇小的体态，一双带点稚气的俊眼和甜甜的笑靥，与夜叉女的形象简直不搭界，又不能以化妆、造型从外在形象上去渲染，这就要求演员靠表演去贴近人物。牛淑贤跨行当、跨剧种的借鉴，甚至从歌舞、飞天壁画中汲取营养，无非是为了靠近人物，表现夜叉女形象选择的是一条艰难的路，我们感到她是要在表演上突破自我。牛淑贤的目的达到了，夜叉女虽不是至善至美，但她毕竟为戏曲画廊增添了美好、可爱的人物，从美学上讲，也突破了貌丑心美，身心俱美两个美学模式。

六、访问台湾

1997 年，当全国人民沉浸在即将收复香港的喜悦之时，牛淑贤受台湾国光剧团之邀，于 4 月 27 日启程，28 日经香港首先到达台湾高雄市，在机场受到国光剧团豫剧同仁及高雄市河南同乡会的热烈欢迎。她这次赴台，主要是为台湾豫剧团讲授豫剧《大祭桩》，排练、导演豫剧《西出阳关》。6 月 20 日，《大祭桩》在台北公演引起轰动。《西出阳关》正式彩排后，也颇受欢迎。祖国的优秀传统文化，极大地鼓舞了台湾豫剧同行。他们都为此次能邀请牛淑贤来台讲授豫剧艺术感到机会难得，特别高兴。戏剧评论家、国光剧团豫剧顾问赵明普先生，赞扬祖国培养了出类拔萃、德艺双馨的杰出豫剧人才。他说，这不仅是邯郸之光、燕赵之光，而且是华夏之光、民族之光。国光剧团豫剧队队长韦国泰先生，在为牛淑贤举行的欢送会上激动地说：“今后我们一定要加深合作，增加往来，更加紧密地开展两岸的文化交流活动。”

牛淑贤在《西出阳关》中饰肖韵

在台期间，各界的盛情欢迎，邀约宴会更使牛淑贤应接不暇。台北、台中、高雄等市的河南、河北同乡会，用不同形式欢迎牛淑贤。台湾博远文化经济协会，在台北特意举行“欢迎大陆豫剧皇后牛淑贤访台文化交流座谈会”。参加者大都是台湾文化艺术界的专家、教授、学者、名流等。座谈会由该协会理事长芦博文主持，戏剧评论家赵明普先生介绍了牛淑贤的生平。会上，牛淑贤以《豫剧＜大祭桩＞的表演艺术》为题主讲。张岫云女士说：“淑贤的讲演既有理论，又有实践，很有水平。”欢迎会上，芦博文理事长代表台湾博远文化经济协会，特聘牛淑贤和她的丈夫池海连为该协会顾问。

台湾最受欢迎的戏剧主要有两种，一是国剧（京剧），二是豫剧。牛淑贤台湾之行看到，无论是文化艺术界的同仁，还是普通观众，都在努力弘扬我们祖国的优秀传统文化。应台湾各界要求，由牛淑贤主演、台湾国光剧团豫剧队为班底，于6月20日至28日，分别在台北、台中、新竹、高雄，联袂示范演出了5场豫剧《大祭桩》。剧中牛淑贤饰演了小丫环春红，运用花旦的辫子、扇子、蹉步等花旦技巧，把一个天真、活泼、伶俐，富有正义感的小春红，表现得淋漓尽致。其中又饰演小姐黄桂英，运用水袖功、跪步等表演技巧，刻画了稳重、善良的大家闺秀。由于此

牛淑贤在《大祭桩》中饰黄桂英

戏是牛淑贤多年演出的代表剧目，且又经过在台湾长时间的讲授排练，演技达到了新的高度，台湾新闻媒体纷纷以《大陆豫剧皇后应邀来台——牛淑贤浑身是戏》、《牛淑贤给我们带来了什么》、《台湾六月的天气很豫剧》、《两岸豫剧皇后喜相逢》、《两岸豫剧皇后同台飙戏》等给予宣传报道，因此，在台湾形成了一个未演先轰动的大陆豫剧皇后"牛淑贤热"，造成了一种豫剧在台湾演出大爆满、盛况空前的热烈局面。一些买不到票的观众在剧院门口等候买"黑票"。由于台湾同胞对具有民族特色的豫剧艺术的酷爱，演出效果也出乎意料的反响强烈。如《大祭桩》"路遇"一场，牛淑贤扮演的黄桂英有一句清唱，伴奏乐器全部停止的干哭腔："我的婆母老娘啊"，因其唱法独特，唱腔委婉细腻，豫剧特色浓，每当唱到此处，台下观众鸦雀无声，回味无穷，报以热烈的掌声。"好！演得好！"的欢呼声不断。演出结束后，观众全体起立，热烈鼓掌，不肯离去，反复谢幕达六次之多。台下观众还连声高呼："牛大师，演得好！"有些观众跑到台前争先恐后与牛淑贤握手，让牛淑贤签名、合影留念。有一位观众站在人群中，用亲切的河南乡音放声高喊："中，牛淑贤！你真中！"后来，这位观众又来看戏，经人介绍，才知道他是台湾影视红星兼记者金帝先生。

由于这出戏演出的成功，台湾各界知名人士邀请不断，经介绍才知道观看牛淑贤演出的有台湾青年交流协会理事长李钏桂女士、国际著名书法家李超哉博士、国际著名书画家叶醉白先生、前台大校长阎振兴教授、台湾大道书法协会会长井松岭、台湾甲骨文学会会长安国钧等。著名书法家、九十一岁高龄李超哉博士是坐着轮椅来看演出的，看戏后他激动地亲自打电话，请牛淑贤到他家作客，并亲笔为她题词。著名书画家叶醉白先生，在台湾已登报三年不为人作画，看戏后也破例为牛淑贤画了一幅奔马图以示祝贺，并在画上亲笔题词："寰宇之星"。在台期间，各界知名人士为祝贺牛淑贤台湾之行成功，题词、作画三十余幅。

台湾之行，使牛淑贤深深感到，中华民族优秀的传统文化，是我们两岸人民共同拥有的宝贵财富，是中华民族的瑰宝，两岸人民的深厚感情，被我们中华民族的优秀传统文化紧紧地连结一起。拥有一颗中国心的炎黄子孙，无论在哪里，只要运用我们中华民族优秀传统文化去寻根、去叙旧、去怀古，就能激发人们的亲情、乡情和骨肉情。

七、德艺双馨获大奖

牛淑贤的戏曲艺术逐渐成熟，她的嗓音明快清晰，演唱委婉细腻，流畅舒展，活泼俏丽。她不仅广收豫剧各流派之长，而且吸收歌剧、评剧、黄梅戏以及民间小调的唱法和旋律，并将歌唱艺术的发声方法巧妙地溶合到豫剧演唱之中，探索出一种独特的唱腔艺术风格。在表演上她潇洒自如，意切情真，向以“浑身是戏”著称。她成名后唱红大江南北，被著名剧作家杨兰春称为“豫剧在河南，名角在河北”。1985年，北京电影制片厂为其拍摄了由传统豫剧《金玉奴》改编的《棒打薄情郎》。1986年，上海电影制片厂又将她主演的《丫环传奇》搬上银幕。中央电视台、中央人民广播电台、中国唱片社和许多音像公司都曾为她录音录像，灌制唱片、盒式磁带。1990年，牛淑贤以《红娘·报信·拷红》、《宇宙锋·装疯》、《梵王宫·梳妆》三出折子戏荣登第七届中国戏剧“梅花奖”榜首。在颁奖仪式上，时任文化部常务副部长的高占祥当场为牛淑贤挥笔题词：“东风有桃李，芳香满京华，德艺双馨。”时任中国文联主席的曹禺题词：“承前启后，戏剧之花。”牛淑贤还多次获得河北戏剧节优秀演员奖，并获全国首届中年豫剧演员电视大赛最佳演员奖、豫剧十大名旦金奖等国

牛淑贤清唱

家级大奖。身为豫剧团几十年的当家花旦，牛淑贤戏路宽广，博采众长，一上台便浑身是戏，满台生辉，深受观众喜爱。在剧团时，她常年扎根农村，重头戏每年演出不少于300场。离开剧团后，她依然脚踏实地研究创出新的剧目、新的风格。

2003年9月17日晚，美国纽约林肯艺术中心爱丽丝大剧院举行的第20届“亚洲最杰出艺人奖”颁奖典礼，应该是牛淑贤一生非常值得记忆的时刻。当天，她获得了“亚洲终身艺术成就奖”这一荣誉称号，这也是对她戏曲艺术孜孜不倦、不懈追求的最好褒奖与肯定。

“亚洲终身艺术成就奖”是由美国美华艺术协会、林肯艺术中心以及纽约市文化局共同主办的文化艺术机构颁发的。自1981年开始设立，是海外唯一全美注册在案、一年一度颁发给华人舞台表演艺术家的最高奖。获得过此奖的有梅葆玖、袁世海、红线女等，而牛淑贤是其中最年轻的一位。评委会对牛淑贤的评语是：“牛淑贤老师是中国国宝级之艺人，致力推广舞台戏剧艺术，艺术成就非凡，得到海内外各界人士赞赏。”

2000年，牛淑贤的艺术搭档、生活伴侣池海连不幸病故，牛淑贤强忍悲痛，仍旧为喜欢“祥符调”的观众坚持演出着，并组建了自己的剧团。

她数年来培养了很多成功的弟子。得意弟子索海燕1991年获全国“梨园杯”广播大赛金奖并组建了海燕豫剧团；弟子朱立新的表演颇似老师，为了更上一层楼，又进入中央戏剧学院深造。此外范雅鸣、纪小瑞、苗丽娜也已声名鹊起；2006年，毕业于河北师范大学艺术系的赵兵伟也拜于她的门下，并获得中央电视台戏曲音乐频道《过把瘾》全国票友大赛“银奖”，牛淑贤可谓是桃李满天下。

牛淑贤本人在谈到她从艺的经历和体会时认为，一个艺人，艺术造诣固然重要，而艺德更重要。既要做一个演好戏的人，更要做一个好的演戏人。

邯郸豫剧标新立异，以独特的风姿立于中国剧坛，已经形成独特的豫剧艺术，即被专家们称为豫剧北派艺术。牛淑贤以她精湛的艺术成为一只豫剧北派的金凤凰，成为豫剧北派艺术标志性人物之一。

作者2006年采访于河北邯郸牛淑贤家中
2010年11月电话采访
插图照片由牛淑贤提供

李喜华

阎派弟子荆楚梅

艺术小传

个人概况：

李喜华，女，1952年出生，艺名李品梅，湖北襄阳人。原湖北省豫剧团团长和主演，中国戏剧家协会会员、国家一级演员，阎派弟子，原湖北省戏剧家协会副主席。1998年去世。

获奖情况：

1981年，主演的《秦雪梅》参加湖北省首届中、青年演员比赛，荣获表演一等奖；

1987年，主演的《大祭桩》参加湖北省第二届中、青年演员比赛，荣获表演一等奖；

1987年，演唱的《汉江边上唱破天》专题节目，荣获全国戏剧广播文艺交流金龙一等奖；

1988年，演出《秦雪梅》，参加全国首届中、青年豫剧演员电视大奖赛，荣获最佳演员金杯奖；

1988年，主演创作剧目《杨玉环》，参加湖北省创作剧目比赛，荣获表演一等奖；

1988年，荣获第八届中国戏剧梅花奖；

1993年，荣获“今日中国豫剧十大名旦”金奖。

代表剧目：

《秦雪梅》、《蝴蝶杯》、《大祭桩》、《杨玉环》、《儿女春秋》、《血溅鸳鸯镜》等。

艺术特色：

李喜华深得阎派精髓，并结合自己的嗓音特点，将传统唱法与发音有机结合起来，逐步形成了纯净、甜美、浓烈、透明的演唱风格，既有北方戏曲的粗犷奔放，又有南方戏曲的委婉轻柔，被誉为“汉江边上唱破天”，形成了自己典雅、俏丽、清新、细腻的演唱风格。

艺术人生

一、阎立品称她“状元弟子”

李喜华1952年出身于一个农民家庭，自幼喜爱文艺，中学毕业后，1970年考进湖北省襄阳豫剧团。她的艺术天赋极高，而且刻苦用功，虽然不在河南，但她只要在音像社里看到豫剧的唱片和录音带，立即解囊买下，回家后反复观看听曲，自己揣摩练习。因此，她虽然不是梨园世家，从小没有在剧团受到熏陶，但她的文化程度使她能够领悟性强，进步快，因此很快就在同伴中出类拔萃，导演和团长不断地在她身上压担子。

李喜华当上该团的主演后，没有固步自封，而是开拓前进。她依然博采众长，不管是豫剧哪个流派，她都学习，拿来消化和运用。后来，她特别喜欢阎立品老师细腻委婉的唱腔和精细入微的表演，便有了拜阎立品为师的想法。阎立品是个品洁艺精的老师，对于收徒极其认真、标准严格，不仅看艺术才能，更看重人格和艺德。“学艺先学艺德，立艺德先立人品”，这既是阎立品的从艺观，也是她教学育人的准则，被人誉为“收徒怪诫”。她收李喜华时，亲赴襄樊，随团奔波一年多，观察了解李喜华的情况，才答应收其为徒。1982年，在有关领导的主持下，李喜华正式拜阎立品为师，习青衣和闺门旦。阎老师也尽心尽力地向她传授了《秦雪梅》、《藏舟》之戏的唱腔和表演。由于李喜华能领会阎派的真谛，阎立品老师称其为“状元弟子”。

二、汉江边上唱破天

阎立品作为豫剧五大流派之一，很注重把梅派艺术的神韵同豫剧艺术巧妙地融合起来，使豫剧闺门旦行当的表演具有了以“精细”为基础的新发展。在唱腔上，阎派的每一句唱腔，每一个声韵，甚至具体到个别音符，都要经过反复的雕琢。在音色变化上明暗相宜，浓淡尽显。在念白上她有着极深的功力，《秦雪梅》中那段40余句的“祭文”，不仅节奏掌握得恰到好处，而且声随情生，把这段“祭文”念得是哽咽有声，涕泣有节，令在场者无不感到摧肝裂肺之痛。在表演上，阎派尤重从人物出发，精心研究人物后再进行细致的设计表演程式。如在《藏舟》中所饰胡凤莲的表演就堪称是阎派艺术的典范之作。尤其是“接杯”一段的表演，更是令人叹服。在这段戏中，阎立品通过不同的形体动作、不同的眼神和富于变化的指法，多层次地表现出少女胡凤莲的羞涩心理和人物在特定环境中的特殊心态。而最后胡凤莲转过身子将手从背后伸出让田玉川将蝴蝶杯放在手上这一身段设计之巧妙、合理，更显出阎立品对艺术追求之精细。

李喜华《秦雪梅》剧照

李喜华在学习阎派艺术之后，艺术日趋成熟，先后在《杨玉环》、《儿女春秋》、《血溅鸳鸯镜》等20多台大中型剧目中担任主要角色。代表剧目《秦雪梅》、《蝴蝶杯》、《大祭桩》被湖北省电视台录制成电视戏曲片多次在中央和省市台播放，唱腔被中国音像出版社录制成《李喜华豫剧唱腔精选》，在全国发行。《人民日报》、《湖北日报》等报刊先后登载评价其艺术成就的文章达百余篇。她的表演在很多戏曲赛事中屡屡获奖。1981年她主演的《秦雪梅》获湖北省首届中、青年演员比赛主演一等奖；1982年湖北电视台把她主演的《秦雪梅》拍成电视艺术片；1987年她主演的《大祭桩》获湖北省第二届中、青年演员比赛金牌奖；同年9月该剧参加了中国首届艺术节展演；1988年她主演的创作剧目《杨玉环》》获湖北省创作剧目比赛主演一等奖；1988年，在中国文联、中国戏剧家协会主办的第八届中国戏剧梅花奖选拔赛中，有着“汉江边上唱破天”美誉的李喜华不负众望，金榜题名。这位长期扎根农村的农家女儿，终于成长为一枝在艺术上傲霜斗雪的荆楚红梅。

三、南派豫剧开新花

20世纪80年代末至90年代初，在戏曲跌落到低谷的那几年，李喜华却创造了意想不到的奇迹，不论她唱到哪里，都能掀起阵阵热浪。湖北武汉的观众历来不大“吃”豫剧，可李喜华去了，一折《吊孝》便唱得“四座倾倒泪纷垂，掌声报春雷”。在豫剧的老家，在祥符调的发源地，这位湖北的“秦雪梅”居然也受到热烈的欢迎。著名戏剧家杨兰春看了她的戏，高兴地说：“你很会唱!”热情的河南观众题词说：“豫剧一枝花，花开在楚家。”在南阳市演出，剧场外小卖部的一位营业员，当他从喇叭里听到李喜华的唱腔时，竟一个人在柜台里热烈而认真地鼓起掌来。豫鄂两省的评论文章更是连篇累牍。有人赞她是“荆襄美玉，梨园新秀”，是“朝气蓬勃的戏曲新人”；有人说她是“俏丽的‘阎派’新花”、“璀璨的豫剧新星”。评她的唱腔是“对戏曲科学发声法的探索”；论她的表演是“纯净、端庄、传神”；“下里巴人”们热情地赞美她是“阎派弟子湖北妞”。李喜华的表演朴素、含蓄、柔美、细腻，而最富魅力处应推她独具特色的演唱艺术。在豫剧五大流派中，她是继承了阎（立品）派衣钵而又广为吸收众家之长兼及河南的越调、曲子，荆楚的西皮、花鼓，甚至京剧、民歌、西洋声乐基础的营养，逐渐形成了自己的南派豫剧风格。李喜华的演唱技法丰富而巧妙，有很高的造诣。如《吊孝》以百余句唱念，表现秦雪梅悲、痛、爱、思、怨、愤等等极复杂的强烈感情，她是把各色各样的“情”完全融会于多姿多采的“声”之中了。在读完长长的祭文后一个“呜呼哀哉商郎啊!”以乐音吟出“啊”字，由念滑变为唱，是衔接得极好的范例。她用拓展假声区缓缓下延同时一点点渗入真声，以衷气控住音量，直到全部换成真声，有如电影蒙太奇之“化出化入”，流畅而自然。她的音域相当宽广，唱得高亢时真有冲霄入云之感，唱最低腔也是峰回路转，强劲时似狂涛巨浪，柔弱时如轻风拂面，奔放腔出一泻千里，压抑声像藕断丝连。“散板”更是她发挥唱技的自由天地：定心板稳、基础音准，显示了她娴熟的技巧和深厚的功力。秦雪梅在《吊孝》中一进门就是那撕心裂肺的高喊“商郎!”接着呼天号地、痛哭失声地唱起来：忽而哽哽咽咽、如泣如诉；忽而惨惨凄凄、钻心彻骨的悲鸣；真是“字字血、声声泪!”各种抖音、颤音、擞音、顿音、疙瘩腔、断续腔、豁腔、大跳音、水滑音、大甩腔……凡所能掌握的一切演唱技巧都被她运用了，而且都是从内容出发、从感情出发、从人物出发。她还以一系列高低、快慢、长短、强弱、收放、断连、悲喜等等对比，潜移默化地轻轻推开观众的心扉、拨动人们的情弦。李喜华逐渐形成了自己的艺术风格，表演既有北方的粗犷奔放，也有南方的委婉细腻，形成了自己典雅、俏丽、清新、细腻的演唱风格。1997 年，在阎立品老师逝世一周年之际，李喜华参加了在郑州举办的中国豫剧节，在河南艺术学校的小舞台向河南的戏曲同行和广大观众演出了阎派代表作《秦雪梅》，其精湛的艺术令人折服，得到观众经久不息的掌声。

四、带领剧团服务基层

李喜华所在的湖北省豫剧团隶属于襄樊市襄阳区（原襄阳县），成立于 1959 年。50 年来，该团为弘扬我国艺术事业，培养优秀艺术人才作出了积极有益的贡献，曾为原国家主席李先念、原政协主席李瑞环专场演出，并受到亲切接见和高度赞扬。剧团先后排练演出了《秦雪梅》、《大祭桩》、《蝴蝶杯》、《清风亭》、《三哭殿》、《花打朝》、《儿大不由爹》、《老子·儿子·弦子》等优秀剧目。受到了广大群众的喜爱和好评，形成了独具特色的南派豫剧风格。数年来，湖北省豫剧团坚持文艺的“两为”方向和“双百”方针，培养了一批艺术新秀，创编传统、现代折子戏、综艺等节目 500 多台，年均演出 300 多场。深入机关、农村、城市、社区、工厂、学校、军营演出，得到了省内外观众的热烈欢迎和普遍赞誉。

该团1994年挂牌为湖北省豫剧团，李喜华担任团长。她作为中国戏剧家协会会员、湖北省剧协副主席、襄樊市戏剧家协会副主席、剧团团长，长期扎根农村基层，每年为农民演出200场以上。她表演的传统剧目《秦雪梅·吊孝》突破1000场，被誉为“荆襄美玉”、“人民的艺术家”，为传播戏曲弘扬民族传统文化立下汗马功劳。

五、香消玉殒征途中

不料，天有不测风云，人有旦夕祸福。1998年3月18日，这位深受人民喜爱的豫剧表演艺术家李喜华，在赴河南省镇平县联系演出途中，突遇车祸，不幸遇难，年仅46岁。呜呼！这是豫剧的损失，也是阎派艺术的损失，但她的表演艺术将永存人们心中。“今日中国豫剧十大名旦”将永远记录着她的艺术生涯。

她的挚友、与她同一届摘取梅花奖的豫剧名家李金枝惊悉她去世的消息后，万分悲痛，连夜写下祭文发到网上，和大家一起怀念李喜华。李金枝在祭文里情真意切地写道：

“喜华，我应称您为姐，因您年长我9岁，1952年生人。喜华，我应称您为师，因您为戏曲事业奉献了终身。您去世的噩耗惊闻，满眼桃花泪雨纷纷。争读吊唁您的文章，只见抽泣低徊的白云。暮云千里色呵，无处不伤心。忽听车祸飞来，说与心中不忍。仰看繁茂树，垂泪已去人。我本不该给您写一篇祭文，因您为商郎捧读的祭文写绝了人间情真。我本不该让涓涓的墨水流出悲痛的森林，因为汉水的波涛它不愿听到您逝去的哀音。前年您来郑州吊唁阎立品，尽心竭力送恩师入坟，今天您却撒手而去，谁又能相信这竟是真。去年豫剧节上您在戏校演《秦雪梅》含泪祭奠夫君，今天谁想到我竟在祭您，眼中泪雨濡湿了5月的清晨。您我见面不多，相见每次都难舍难分。您我相识不久，却是那心有灵犀的知音。您送我的照片，上面签上“金枝小妹惠存”。我送您一包新茶，想缓解您旅途的劳顿。人间新茶年年有，旧友丽音不再闻。您身为湖北省剧协副主席，湖北省豫剧团团长，一个豫剧在外省发扬光大的功臣。您为豫剧的发展经过了多少坎坷与艰辛？个中苦辣酸甜谁能猜准。您我相识真是缘分，一起获第八届中国戏剧梅花奖，一起参加全国第五届戏曲演员讲习班，一起荣获“今日中国豫剧十大名旦”。有段时间，我在鄂北，您在鄂西南。您在汉水之滨的襄樊，我借到武当山下的十堰。我曾是《风流女人》奔走在农村弯弯小路上的乡亲，您是月光下水湄边的雪梅优美地梳理云鬓。那时，我们是一枝两花，共吐芳馨。我们是鸟儿同林，比亮喉音。忘不了频频书信，像一水之鱼，互送温存；忘不了倾夜谈心，说怎么样把豫剧根据地扩大再扩大，延伸再延伸……您的艺德光彩照人，您的艺术使天地常新。您拜名师阎立品，也学阎立品从艺做人。一个动作都要百回揣摩，一句台词都要磨杵成针。下调的高音似仙乐曾闻，精彩的对白能催落雨阵。技须时时想，艺不厌练频。真是两眼贯鼻鼻贯心，目不斜视不转轮。声似莺鸣如燕咏，疑是珠落玉盘音。功成堪比山，气节卓于群。'高冢惊看石表新，空将事业望麒麟'。喜华，您怎么香消玉陨，去哪里寻您芳魂？喜华，您去世让整个戏曲界痛心。难忘昨夜梦中，仍见你广袖轻舒，笑不启唇，您又来到了后院观文。喜华，我该怎么解释这梦中日月，戏中乾坤？我该怎么样了却这假想成真，思念日深。喜华，愿天地永存您纯洁美丽的灵魂。"

笔者有幸于1997年在河南省艺校礼堂看到李喜华在《秦雪梅》剧目中的表演，一睹她在唱腔和刻画人物方面的风采，留下了极深的印象。但不久得到李喜华遭遇车祸的噩耗，不禁唏嘘和惋惜。今日撰写她的艺术小传，心中仍觉痛苦。祈祷，愿她在天国那儿唱一唱豫剧，以解思乡之愁。

作者1997年观看李喜华演出。
1998年收集其资料。
2010年7月采访李喜华的艺友李金枝等人。

菅爱梅

文武双全花木兰

艺术小传

个人概况：

菅爱梅，女，1949 年 11 月出生，安阳市内黄县人，国家一级演员，常派弟子，原焦作市豫剧团团长，河南省第七届政协委员，河南省第八届政协常委，1995 年全国文化先进工作者，被常香玉称为“得意弟子”。中国戏剧家协会会员，河南省戏剧家协会理事，焦作市戏剧家协会副主席。

获奖情况：

1987 年 12 月，演出《花木兰后传》，荣获许昌戏剧大赛一等奖；

1990 年 4 月，演出《东方夫人》，荣获第二届“香玉杯”艺术奖；

1990 年，演出《花木兰》，荣获河南省第三届戏剧大赛表演一等奖；

1992 年，演出《李知凡太太》，荣获河南省第四届戏剧大赛表演一等奖；

1993 年，荣获“今日中国豫剧十大名旦”金奖。

代表剧目：

《东方夫人》、《花木兰》、《李知凡太太》、《真假国舅》、《盘丝洞》等。

艺术特色：

菅爱梅擅长刀马旦，兼演闺门旦、青衣，文武兼备，吐字清晰，嗓音清脆，唱腔真假声混合，武功有剑舞，双锤，双枪，踢出手。

艺术人生

一、崔派打下基本功

1949年11月，在新中国成立的礼炮声中，菅爱梅出生在安阳地区内黄县的一个梨园世家。她的爷爷是内黄县大众豫剧团鼓师，叔父是武生演员，母亲是青衣、老旦演员，父亲菅学贤是内黄县著名须生演员，曾与崔兰田搭档，在《包青天》里饰演陈世美。菅爱梅受家庭环境影响，从小就喜欢唱歌跳舞，8岁时，父亲就把她送到了崔派的大本营——河南省安阳地区豫剧团戏剧学校学习。

在安阳地区豫剧团戏剧学校里，教她的启蒙老师是豫剧名家魏玉香、宋桂玲。她学习武功和唱腔，整天课排得满满的，她也不觉得累，很快她就成了尖子生，向老师学习了《穆桂英下山》剧目，锻炼了花旦行当；学习了《穆桂英挂帅》剧目，锻炼了青衣行当。5年学习期满，她顺理成章地成了安阳地区豫剧团的小演员。在这里，她如鱼得水，在戏曲的大海洋里尽情地游泳。她天天都能看到豫剧名家崔兰田的演出，虽然没有拜师，但她自己留意学习着崔派的艺术特长。菅爱梅的唱腔清脆，她就注意崔兰田老师的吐字清晰，如《包青天》中“忘恩负义弃结发”其中的“义”字声腔婉转，吐字特别清晰，赋有艺术感染力，起到了谴责陈世美的作用。菅爱梅的勤奋好学和天赋很快得到了领导的重视，让她参加了不少剧目的演出，比如：《对花枪》中的姜桂枝，《三哭殿》中的银屏公主，《穆桂英挂帅》中的穆桂英。“文化革命”开始后，崔兰田作为艺术权威和名演员受到了冲击，菅爱梅因为只是一个不出名的十六七岁的小姑娘，倒没有受到什么打击，那时提倡演现代戏，她与一些年轻演员同时饰演了一些角色，如《芦荡火种》中的阿庆嫂，《红灯记》中的小铁梅，张禹瑞创作的《市长的女儿》中的市长女儿，在现代戏的刻画人物方面得到了一些锻炼。但是在那期间再也看不到崔兰田老师的演出，学不到崔派艺术的精髓，她心中是很遗憾的。

二、京剧团里学武功

1970年，由于“样板戏”独尊的地位，河南省京剧团得到空前的发展和壮大。不分剧种，在全省剧团中挑选最优秀的演员和演奏员到省京剧团工作，最后省京剧团演职员达到360人的庞大阵容。当时菅爱梅在安阳戏校的同学陈元增，是新乡地区豫剧团的演员，因为小翻特别好，这时被挑到省京剧团工作；1972年，菅爱梅也被抽调到省京剧团工作，后与陈元增结为终身伴侣。在京剧团，一个学豫剧的小演员自然没有大的前途，但是，菅爱梅是个上进的好姑娘，知道京剧的表演和武功都是强于豫剧的，于是她虚心地请教武功老师，向来自河北梆子剧团的著名武生演员李寿福学习、向张君秋的女婿王幼童学习，向《传枪》电影演员张学敏学习，终于练出了双枪、双锤和“踢出手”等一身过硬的武功，为她以后饰演刀马旦的角色打下了牢固的基础，直至现在的花甲之年仍然武功不减当年。

三、辗转剧团磨练艺术

1979年，改革开放后，各个剧种百花齐放，豫剧又恢复了她应有的位置。许昌地区襄城县豫剧团到郑州特地邀请菅爱梅到他们团去演豫剧，为了心中的豫剧，她放弃了省城的工作来到了县级剧团。在这里，她先后排演了《穆桂英下山》、《穆桂英挂帅》和《郑小姣》1至3部，《包公出师》1至3部，分别在里面饰演了穆桂英、郑小姣和包公的嫂娘，得到观众热烈的欢迎。转眼，菅爱梅到了而立之年，而她的舞台艺术也成熟起来，成了剧团能挑大梁的主演。但是，县剧团是个自收自支的单位，很多演员家在乡下，每逢收麦、收秋和过年时期，都要停止演戏，各自回家务农，使菅爱梅这个专业演员感到了不适应，收入也没有保障。

1981年，恰逢湖北省十堰市管文化的副市长在恢复组建十堰市豫剧团，命人前来邀请，带着调令请走了菅爱梅和另外十几个武功演员。在该团，菅爱梅先后主演了《穆桂英下山》、《大祭桩》等剧目。湖北省十堰市政府和领导很重视戏曲，剧团是全供单位，经济条件很好，但是比起河南来，热爱豫剧的观众比较少，菅爱梅又一次感到发展前途不大。

1984年，河南漯河市豫剧团前来邀请菅爱梅，并重新给她建立了档案，并分给她一个小院居住，让她前去担纲主演。她想到河南是豫剧大本营，她的丈夫和一双儿女都在河南，于是就依依惜别十堰市而来到漯河豫剧团，至今还有十余个河南演员仍在十堰市豫剧团。在漯河豫剧团的几年，是她艺术上有突破的几年，她演了一些她过去没有演过的人物，开始学会了塑造人物形象。她先后主演了《真假国舅》反串了小生角色

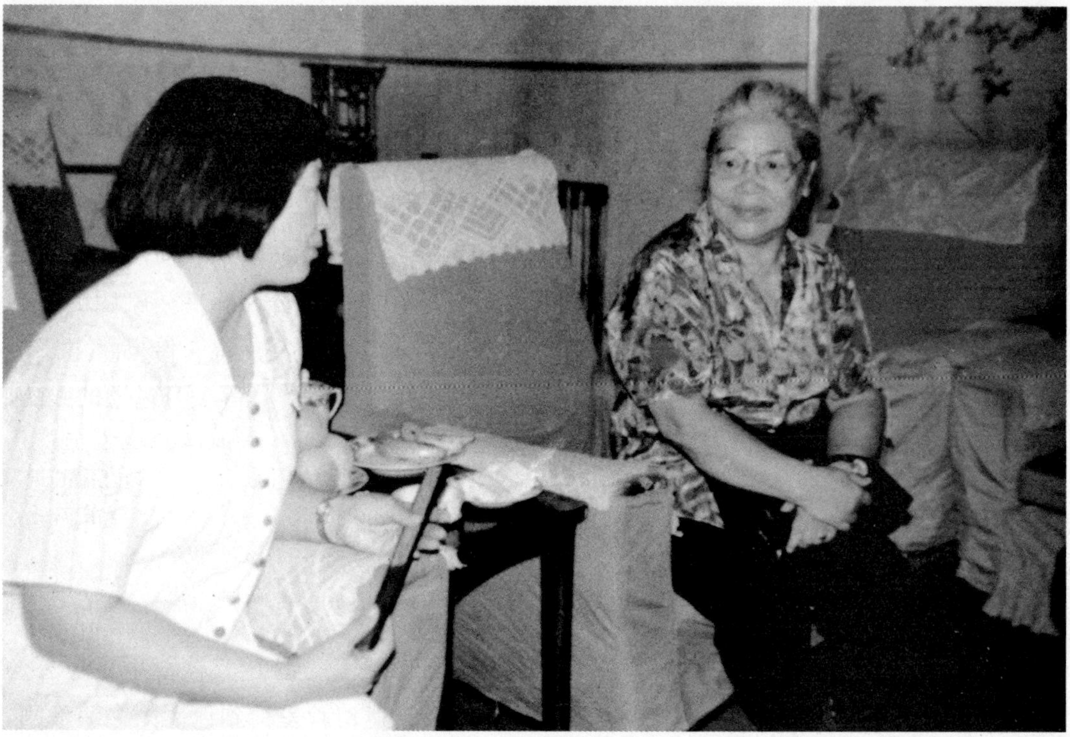

菅爱梅在常香玉家中向老师学戏

的唐王；在《盘丝洞》里饰演花蜘蛛，运用“踢出手”的武功，受到观众的追捧，连演100多场。为了展示武功，她请一位剧作家张老师将京剧《霓虹关》折子戏改版成一出全本戏《东方夫人》，她在里面饰演了“东方明珠”，全面地展示了一个刀马旦演员的功夫，且唱功舒展清纯，至此，她的艺术水平又更上一层楼。1987年，因演《花木兰后传》，她参加了许昌文化局举办的戏剧大赛，获得了大赛一等奖；1988年，漯河市人民政府表彰她为“优秀文艺工作者”。

1989年，菅爱梅调到了焦作市豫剧团，开始了她豫剧事业的辉煌和高峰期。

四、常香玉的“得意弟子”

菅爱梅结缘常派，拜师常香玉，是她自己也没有想到的。她数十年在豫剧行业里摸爬滚打，从豫西调的崔派启蒙，后又博采众长，但一直没有拜师。

1990年，菅爱梅精心准备了《东方夫人》剧目，参加了河南省第二届“香玉杯”大赛，深受评委的赞赏，一举获得了“香玉杯”奖。演出

菅爱梅在《花木兰》中饰花木兰

后，香玉杯的评委陈宪章老师到后台对菅爱梅进行祝贺，菅爱梅从常香玉大师手中接过了“香玉杯”奖杯。她这时才近距离结识了心中仰慕已久的常派创始人常香玉，心中久久不能平静，感到非常幸福。

人们大都知道常香玉大师的唱腔独具风采，在豫西调的基础上融汇了豫东调的精华，创造了以大本腔为主，又真假声混合的科学发音的声腔，但大都不知常香玉早年唱红省城开封时，其实是以武功出道，特别是“踢出手”无人出其左右，只是一场大病，使她去掉了两根肋骨，从此大的武功动作不能再做了，这成了常香玉深深的遗憾。在菅爱梅饰演东方明珠时，引起了常香玉的注意。常香玉特别喜欢菅爱梅，从她身上仿佛看到了自己英姿飒爽的影子和早年的演出。她想收菅爱梅为徒，把自己的艺术传承下去。陈宪章于是就把“花木兰”剧本送了一本给菅爱梅研读。

后来，常香玉就把菅爱梅接到了自己在紫荆山公园附近的家中，免费供菅爱梅的吃喝，手把手地教了她三个月的《花木兰》。菅爱梅想对老师表示点意思，常老师说啥都分文不取，而且在了解到菅爱梅幼年因烤

菅爱梅在《花木兰》中饰花木兰

火失去了两个脚指头后说："我们都是残疾人，彼此同病相怜吧。"在此前，她想都没想过自己能见到常老师，更没想过能做常老师的徒弟；能得到常大师的青睐是可遇不可求的。她觉得自己特别幸运，不知从哪儿修得的福分。在那三个月里，常老师上午给她上课，从念白到表演，一字一板地给她抠；下午是常大师的二女儿陈小香教她唱腔。常大师基本吃素，而为了给她增加营养，让家人隔一天就给她做一碗红烧肉吃，感动得她什么也说不出来，只有好好学戏，来报答老师的溺爱。除了学艺术，常老师留给她的最大财富还有对艺术的执著追求及对时间的分秒必争。有一次，省委领导侯宗宾接见演员，常老师让她跟随着一起到省文化厅去等待领导的接见，当时她们先到一步，就在这短短的等待时间里，常老师还抓紧时间给她说戏，教她唱腔应该如何体现出情感，教她《花木兰》里"强敌压边境，国家要征兵"的念白，使她深深地体味到了常派艺术的原汁原味和神韵。

回到焦作后，市委书记和市长都很重视，亲自出面召集了20多家企

菅爱梅在《花木兰》中饰花木兰

业家给剧团赞助了20多万元，来排练《花木兰》剧目，三个多月的排练里，她精心消化着常老师的传授，认真地塑造着花木兰这个巾帼英雄，常老师又捎信让菅爱梅不必墨守成规，应该发挥自己的特长，把双枪、双锤和“踢出手”的武功都用上，又请张君秋的女婿王幼童去当武功指导。终于，菅爱梅排出了由常老师亲自调教的常派代表剧目《花木兰》。1990年，菅爱梅带着此剧参加了河南省第三届戏剧大赛，获得了表演一等奖。

常香玉的《大祭桩》，菅爱梅原来通过光盘和录像带都学过和演过，此时，菅爱梅也让老师给她进行了规范，菅爱梅一学就会，一教就通，常香玉喜欢的对外宣称：菅爱梅是她“最得意的弟子”。常香玉不但让菅爱梅学常派剧目，而且关心着她的成长，让她也要在现代戏上有所突破，后来菅爱梅就让周口的剧作家韩枫给她创作了反映邓颖超革命生涯中地下工作时期的剧本《李知凡太太》。为了塑造好邓颖超的形象，她还带着作者到常老师家念剧本，听意见。后来，菅爱梅演出了这个剧目，参加了河南省第四届戏剧大赛，又获得表演一等奖。

一晃5年。菅爱梅已经投师常香玉5年，然而却没举行过仪式。在有关人员建议下，在1995年的一次演出前，在省剧协领导荆桦老师的主持下，菅爱梅在舞台上向常老师磕头拜师，常老师送了她自己的剧目光盘给菅爱梅作纪念。每每想起常老师对她的培养和偏爱，菅爱梅都感激上天对自己的眷顾。不巧的是，常老师去世的时候，菅爱梅在乡下演出，消息闭塞，没能赶上在郑州送上一程，这成为菅爱梅的终生遗憾，只得在家中设了灵堂，摆上常香玉的照片，四周摆满了鲜花，每天早晚烧上一炷香，一直设了一个星期，遥送自己的恩师一程。

五、勤恳耕耘荣誉多

从那以后，菅爱梅就将常香玉大师的艺术和艺德视为自己终生的财富，自己要好好继承并传给后人。

她勤奋地演戏，仅《花木兰》就演出了几百场，当地政府和领导看后，给予了充分的肯定。

1991年9月，焦作市文化局授予了菅爱梅“市文化系统劳动模范”称号。焦作市总工会授予菅爱梅优秀工作者“五一劳动奖章”。

1991年11月，菅爱梅被河南省文化厅和人事厅授予河南省文化系统先进工作者奖章。

菅爱梅在《大祭桩》中饰黄桂英

1993 年，她演唱了《花木兰·征途》、《东方夫人·对仗》，获得“今日中国豫剧十大名旦”金奖。

1994 年 6 月，焦作市人民政府授予菅爱梅“在 1992 年省第四届戏剧大赛演唱中，获 1991—1993 年度”文学艺术优秀成果一等奖。

1994 年，破格提前晋升菅爱梅为国家一级演员。

1995 年，中华人民共和国文化部、人事部，授予菅爱梅为“全国文化系统先进工作者”。

1995 年，焦作市人事局豫人奖【1995】13 号文件，同意给予菅爱梅晋升一级工资奖励。

如此的荣誉接连而来，菅爱梅觉得只有给群众演好戏才是本分。于是，每一场演出她都认真对待，从不敢有半点马虎。

六、梨园耕耘带剧团

焦作市豫剧团的前身为焦作矿区群艺剧团，成立于 1950 年 2 月。1956 年，焦作矿区改为焦作市，原矿区群艺剧团改为焦作市豫剧团。1964 年市豫剧团扩编为市豫剧一团和二团，1965 年 1 月，市豫剧一团撤销，保留豫剧二团，恢复原称焦作市豫剧团。市豫剧团成立几十年来，经历了辉煌与落寞、静寂与振兴，一代代戏曲艺人坚守着自己的那方梨园，耕耘不缀，硕果累累。

为了振兴豫剧，上世纪九十年代以来，焦作市豫剧团不断发现人才，培养人才，培养了菅爱梅等一大批优秀中青年演员。

菅爱梅获得“今日中国豫剧十大名旦”金奖奖杯

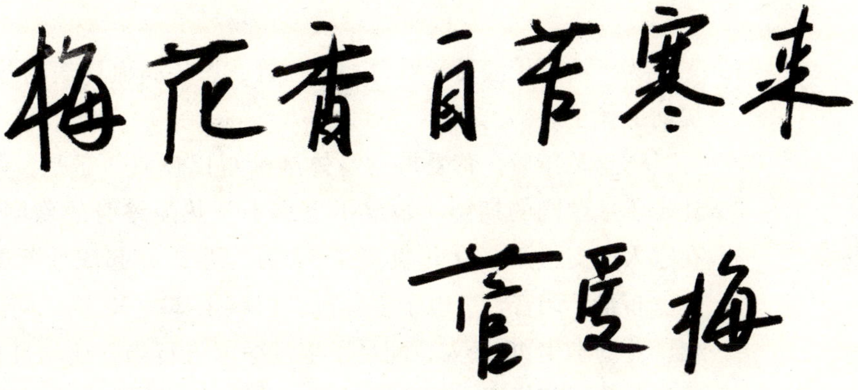

菅爱梅题字

多年来，焦作市豫剧团始终坚持“两为”方向，贯彻“双百”方针，紧紧围绕市委、市政府中心工作，深入到该市和相邻地市的企业、部队、社区、农村，开展演出活动，年平均演出200余场。为广大群众送去了丰富的精神食粮，被中华人民共和国人事部、文化部授予“全 国文化系统先进集体”荣誉称号。但是，也曾有过难以为继的时候。

那是1992年，焦作市豫剧团陷入困境，3个月发不了工资，基本处于瘫痪状态。菅爱梅同志勇敢站出来，根据市文化局的改革方案，交出1万元的风险抵押金，承包了剧团。当上焦作市豫剧团团长的菅爱梅承包剧团后，一方面她和几位同志分头做思想工作，和同仁们特别是平时不太合得来或在工作中有过矛盾的同志促膝谈心，化解矛盾，消除误会；一方面总结管理方面的经验教训，制定管理制度；同时恢复排练了13个剧目，很快下乡演出，巡回100天，演出204场，收入9.7万余元。又利用剧团优越的地理位置，四处奔波引进资金，开发西楼，增强自我发展能力。使剧团起死回生，走上了良好的运行轨道。

在担任团长期间，菅爱梅带领着剧团，为了满足观众的要求，利用名人效应为剧团取得经济效益，360天她每场都亲自演唱，但是演出补助和大伙一样，每场10元，从不多拿一分钱。出门演戏，吃住从不特殊，与大伙一起滚地铺、吃面条。她带领剧团给敬老院的老人义务唱戏。还把在“香玉杯”奖和“今日中国豫剧十大名旦”金奖得到的奖金一分没留，全部给五保户买食品和给剧团的演员发福利了。

七、有生之年做传承

为了给青年演员让舞台、腾位置，患了高血压病的菅爱梅于2000年提前退休了。

休息几年后，菅爱梅的身体渐渐得以恢复。于是，她想起了常老师让她传承豫剧的期望，她放不下忘不了热爱终身的豫剧事业。2006年，在家人的支持下，女儿投资了50万起步，办起职业豫剧团，置办了灯光、布景、调音台、电子字幕机，招收了20—30岁之间的流动演员和戏校毕业的学生40余人，配足了生旦净末丑行当，还动员自己的女儿、儿子和儿媳一起加盟。如今，她已带出了女儿陈琳和儿媳王凤姣的刀马旦的功夫，儿子是音响师和演员队队长，老伴在省京剧团退休后也来到剧团当了导演，这几年排了常派剧目和菅爱梅自己的代表作，又恢复了十几部传统剧目，成了焦作市实力雄厚的民营豫剧团，与焦作市的国有豫剧团相互辉映，服务于矿山和农村。现在，该团每年演出200多场，演出区域在河南、山西、河北，深受观众的欢迎，不但能够维持剧团的正常运转，还能够保证月月给演员按时发上平均近2000元的工资，减轻了社会上戏曲演员就业的压力。

日前，菅爱梅受邀到“周末大戏台”演出，菅爱梅演唱了常大师的常派剧目《五世请缨》的选段。她说这是常老师对自己最满意的唱段，她想通过此次表演表达对老师的敬爱与怀念。她将会视豫剧为生命，在有生之年做好传承工作。

作者2010年11月18日采访于焦作市菅爱梅家中

插图照片由菅爱梅提供

朱巧云

汴京豫苑一明珠

艺术小传

个人概况：

朱巧云，女，1950年4月出生，山东曹县人，中共党员。国家一级演员，常派弟子，曾任开封市豫剧团团长、领衔主演。中国戏剧家协会会员，河南省戏剧家协会常务理事，河南省政协第九届委员，开封市剧协主席，开封市政协常委，开封市专业技术拔尖人才，享受国务院政府特殊津贴。

获奖情况：

1987年，荣获四省十四市豫剧中青年演员广播大奖赛一等奖；

1987年，参加河南省第二届戏剧大赛，荣获表演一等奖；

1988年，荣获河南省豫剧中青年大赛梨园杯一等奖；

1990年，荣获第二届“香玉杯”艺术奖；

1990年，荣获河南省第三届戏剧大赛表演一等奖；

1991年，荣获河南省豫剧青年演员广播大赛“梨园奖”；

1993年，荣获“今日中国豫剧十大名旦”金奖；

1995年，荣获第十三届中国戏剧梅花奖；

1996年，荣获河南省第六届戏剧大赛表演一等奖。

代表剧目：

《穆杨会》、《抬花轿》、《绣花女传奇》、《血染宋宫》、《花轿错》、《焦裕禄》、《白雪花》等。

艺术特色：

朱巧云以花旦、刀马旦应工，兼演帅旦、闺门旦，能文善武；声腔甜美圆润，清脆中显宽厚，高音不飘不躁，低音委婉动听；表演情真意切，潇洒流畅。将祥符调的婉约柔美和常派的刚健清新融于一体，具有自己独特的风格。

艺术人生

一、戏曲之乡小戏迷

朱巧云1950年4月出生在被誉为戏曲之乡的山东省曹县，她父亲朱留福是东明县豫剧团演员。她一出生就在剧团生活，耳濡目染，早早播下了艺术的种子。早在她四五岁的时候，就爱唱爱舞爱表演。看戏的时候，她总爱坐在舞台旁边，边看、边学、边听、边记。在家里，她有时把门一上，在床上拿着毛巾、被单作戏装，就模仿起来。平时她看谁学谁，学谁像谁。有一次，大伙让她学一位丑角演员的台上表演和台下的习惯动作，她既认真又形象地把这位丑角演员台上台下的一举一动模仿得活灵活现，令人捧腹大笑、连声叫绝。正好这位丑角演员路过，也拍手叫好："妞，你真把我学活了，我看你长大准能当个表演艺术家。"小巧云听了脸一红，眼一瞪，一溜烟跑了。

1960年，东明县豫剧团招收新学员，她立即跑去报名。团长段新奎把她叫到身边，故意让她表演一些较难的动作。哪知小巧云毫不怯场，一本正经地唱着表演着。她那甜润的歌喉，洒脱的动作，一双会说话的大眼睛，十足的小明星模样。考试一结束，段团长就高兴地说："是棵好苗子，我作主收下了。"

二、菊坛有路勤为径

9岁的朱巧云考入东明县豫剧团后，练功十分刻苦，除了参加集体练功外，自己还加班练"私功"。为了不影响别人休息，她常常利用午休时间练功，演完夜戏后一个人还在舞台上练功。有一次练圆场功时被铁钉扎透脚板，鲜血直流。母亲边给她包扎边心疼地流下了眼泪。她却还安

朱巧云在电视《包公误》中饰段红玉

慰母亲："没啥，很快就会好的。"但是，第二天脚肿了，不能下床练功了，她心里着急呀，于是又想出争分夺秒的办法：不能练腿功可以练嗓子，可以练眼功呀。于是，她晚上让母亲给她点香，她跟着香头的火光，眼珠子左转右转，上下转动。并且对着香火看，眼皮不能合，一次半炷香，两眼酸得直流泪。她天天坚持练下去，练出了一双特别明亮有神的眼睛，后来不管是舞台强烈的灯光照耀还是农村土舞台上刮大风，她都能睁着有神的眼睛正常演出。

那时候，县剧团经常下乡演出。三天一赶场，五天一换台，练功时间经常被挤掉。她就在赶场的路上用舞台碎步赶路，边走台步边云手，对着庄稼看着树，仿佛千万个观众在看她表演。一路上她唱着、念着、比划着、练得非常入神。往往因情忘形，引得路人哄笑，还有人说她是"小神经"。功夫不负苦心人，在很短的时间里，她把圆场、台步、翻身、前桥、飞脚、抢背、刀枪棍花、舞剑、趟马等基础功都练得很出色。

满园春光，功在园丁。在东明县豫剧团，她得到了老师们的精心培育。老艺人杨振先给她启蒙；张月荣老师教她发音、运腔；马凌云老师教她身段、表演；胡宝善老师教她刀马武功。但是他们对她钟爱却不溺爱，一次她在演出中唱错了戏词，下场后，杨老师对她进行了严厉的批评："我的小师傅，你是咋唱的，我是咋教的，你操得啥心？就这样能唱响戏吗？"过了一会，他又说："十来岁正是长进的时候，不管练功还是演戏，都要一心一意，不能马马虎虎，小树扎歪了，长大也是棵歪脖树！"见她惭愧的直滴眼泪，杨老师又语重心长地说："妞，演戏这碗饭不好吃，你的路还很长，要记住两句话'台上认真做戏，台下清白为人'，这才能走得远，成大器。"杨老师的话铭刻在小巧云的心上，成为她一生的座右铭。

杨老师为了使朱巧云在舞台上得到全面发展，什么角色都让她演。不管是花旦、彩旦、刀马旦、老旦和小生、娃娃生及丑角。只要是老师分配给自己的角色，朱巧云都下决心演好。她在《断桥》中演小青，《拣柴》中演乳娘，《三丑会》中演巫婆，《三哭殿》中演秦英，《杨乃武与小白菜》中演葛三姑等，这些配角她演得都很出色。1961 年东明县豫剧团在开封同乐剧院演《杨英买母》，她饰演杨英（武小生），出场后一句起腔就获得满堂喝彩。她从 16 岁起就开始挑梁演大戏了。如：《白毛女》中的喜儿，《红灯记》中的铁梅，《红色娘子军》中的吴琼花等角色。

1961 年，东明县豫剧团上演了由她主演的第一部现代戏《草原英雄小姐妹》，当时非常轰动，自此她的名字便在豫东和鲁西一带传开了。

1968 年底，东明县豫剧团解散，朱巧云和几个青年演员几经周折，于 1969 年加入开封地区豫剧团。

三、艺海无涯苦作舟

开封历来是戏剧表演名家荟萃的地方，像常香玉、陈素真等一批豫剧名家都是由这里起步的。

1969 年，朱巧云调到开封地区豫剧团后，她更加刻苦努力，随着她思想水平和艺术水平的不断提高，她越来越着重对理论方面的学习，不论是看书看报，还是看电影、电视，她处处留心，认真观察生活、体验角色，她从分析理解剧本入手，来寻找人物特点和性格，她善于刻画人物内心活动，用眼神表达语言，做到心到神到，声到情到，力求声情并茂、真实可信。她在现代戏中演过不同性格的角色，如《海霞》中的海霞，《智取威虎山》中的常宝，《杜鹃山》中的柯湘，《红云岗》中的红嫂，《奇袭白虎团》中的崔大嫂，《江姐》中的江姐，《红霞万朵》中的唐国凤，《朝阳沟》中的王银环，《山里的俏寡妇》中的石秀英，《焦裕禄》中的徐俊雅……等角色，她都能从人物出发，塑造出不同性格的舞台形象，在观众中产生了良好的效果。在古代人物扮演上，她以花旦、刀马旦应工，帅旦、闺门旦也颇有功底，戏路很宽、文武双全，她擅长扮演英姿飒爽的巾帼英雄，如在《女中魁》中扮演周凤娘，《红灯照》中扮演大师姐，《包公误》中扮演段红玉，《穆杨会》中扮演穆桂英，她演得各俱风貌，塑造人物既有共性，又有个性，让人耳目一新、毫无雷同落套之感。

朱巧云在《穆杨会》中饰穆桂英

但是，取得这些成就，朱巧云也付出了不同寻常的心血和汗水。

在排练《红灯照》时，为了演好大师姐这个角色，她首先分析这个人物的特点：大师姐是一位有智慧、有魄力、武艺高强、性情豪爽、机智勇敢、久经杀场、遇事稳重大方，在将士中享有崇高威望的民族女英雄。饰演她，首先要准确地把握人物的表演分寸，要将刚而不火、能文善武的将帅气质掌握好。这个人物在唱、念、做、打方面的份量非常吃重，不下一番苦功是演不好这个角色的，她白天在排练场按导演的要求严格排练，认真对待每一句台词，每一句唱腔，一招一式的动作和细小的表演。她反复练习，从严要求自己，直到导演满意为止，晚上加班练习武打场面与高难动作。如：大师姐舞单刀的身段表演、教田小燕单刀与双刀对打，单刀开打的绳锁荡口，重点是大刀开打的荡口和最后血战沙场英勇就义的场面，不知练过多少遍。她和爱人一起经常排练到深夜两点。最后在著名京剧表演艺术家关鸣林老师的亲自指导下，一连练了几个通宵，累得她精疲力尽。天亮了，当爱人送走了关鸣林老师，回来一看，朱巧云都倒在地毯上睡着了。“功夫不负有心人”，这个戏在开封上演以后，连演90多场，场场爆满，引起观众的强烈反响。北影著名导演陈怀凯、谢铁骊和演员王心刚、陈强、张瑞芳等，看了《红灯照》后激动地说：“朱巧云这个演员很会演戏。大师姐的形象塑造的很成功，给我们留下了深刻的印象。”

《陈妙常》一剧是朱巧云演闺门旦的代表作，也是她和著名豫剧表演艺术家王素君共同的作品。此剧演出后，在各地深受观众的喜爱。1986年开封电视台还将《陈妙常》录制成戏曲电视剧上、中、下三集。在中央台、省台、市台多次播出。香港、台湾、新加坡也播放了此剧。

在排演此剧的过程中，朱巧云还有一段心酸的往事。那时，正当她吃透了此剧，准备扮演角色时，忽然嗓子出了问题，声带产生了双侧小节，为了排好戏，她立即去上海动了手术。她满怀希望，等着一个月的禁声期过去后重返舞台。不料一个月后，全家人陪她到龙亭湖假山旁，想听她手术后嗓音效果如何，一喊嗓子，竟然没音；再用力喊，声音像似花脸嗓；顿时她呆住了，两眼热泪夺眶而出。她再次趴在地上，对着湖水喊了几声，仍然没音，她一下子坐在地上，像失魂落魄一样，说了一句：“完了……”就痛哭起来。全家人的心情都很沉重。爱人安慰她说：“你别太难过，俗话说伤筋动骨一百天。更何况你是声带手术？今后咱坚持早上练习，看看有没有好转。真不能当演员还可以教学、搞唱腔设计，天无绝人之路。好人有好报，你的嗓子一定会好转的!”此后，她就像小时候学戏一样天天坚持喊嗓，结果不到三个月，嗓音就恢复如初，能够排演《陈妙常》这出戏了。半年后，她就到郑州参加《陈妙常》电视剧的先期录音工作了。在郑州录音的十天，正是她母亲病危之际。为了怕影响她拍戏的情绪，老母亲不让把自己的病危告诉她，在快断气时也不让叫她回来。等她录音结束，赶回山东曹县老家时，母亲已经去世了。她怀着沉痛的心情开始了《陈妙常》电视剧的拍摄工作。她说："看来我和陈妙常一样苦命啊……"

四、兼收并蓄创新意

朱巧云开蒙于豫剧祥符调，后拜豫剧大师常香玉为师，并汲取其他流派艺术的营养。多年来，在很多剧目中都有自己的创新和独到见解。

朱巧云在《穆杨会》一剧中扮演穆桂英。该剧是根据传统豫剧《穆桂英下山》整理改编而成的。是该团的保留剧目，也是朱巧云的代表作品之一。1991 年进京汇报演出"穆"剧受到首都观众与专家们的高度评价，《人民日报》记者撰文评价朱巧云扮演的穆桂英"扮相俊美端庄，身段表演潇洒脱俗。既有闺阁淑女的娇娜妩媚、楚楚动人的矜持之态，又有巾帼不让须眉的豪迈气魄。一举一动均有章法，声情并茂，品位高雅。"朱巧云在该剧的第一个出场亮相，就抓住了观众。接下来的演唱，她把少女复杂的心理状态表现得细致入微、真实可信，剧场效果极好，观众喝彩达 30 多次，令人叫绝。中央电视台专题采访了朱巧云，并将"穆"剧全剧录音播放。《人民日报》、《文艺报》、《华声报》、《中国文化报》、《戏剧电影报》等，对"穆"剧都刊登了评论文章和剧照。中国唱片社将全剧录音制成唱片在国内发行。黄河音像出版社将"穆"剧制成录像带在国内发行。

朱巧云所演的《抬花轿》与众不同。从剧本到表演以及唱腔的处理方面，都有所创新。她很好地把握住女主角周凤莲的人物性格和表演分寸，演得不温不火、恰到好处，使观众更加喜爱这个人物，不仅突出了她是一个直言快语、娇娜泼辣的豪爽女性，又加强刻画了她热情助人、善解人意的贤慧性格。如在喜庆拜堂之时，文状元与王定云突然昏倒在场上，急切间周凤莲堂没拜完说了声："官人！救人要紧，回来咱俩再拜，啊！"当即就回门，使婚礼无法收场。

"待嫁"一场，朱巧云加强了周凤莲的表演力度。40 多句的大段唱腔和梳妆、穿衣、水袖等表演动作，把一个青春少女那种出嫁前的喜悦

朱巧云在《抬花轿》中饰周凤莲

与急不可待的心情，表现得淋漓尽致。使观众也沉醉于那美好时刻之中。

“坐轿”一场更有新意。当轿子颠簸起伏，难以让周忍受的时候，她指责轿夫边唱边舞：“坐花轿真难受，又闷气来又碰头。四个轿夫胡乱扭，不会抬轿就别当轿夫头！”于是轿夫们便申辩地说：“大姑娘，这路也太难走了！”一句话引起了周凤莲的同情心。她看看轿夫个个都是满头大汗。便说：“路难走？干脆！大姑娘我下轿步行吧！”轿夫说：“大姑娘，这可使不得。新娘子可不能上二回轿呀！”周凤莲用同情的腔调说：“我下来，这轿抬着不就变轻啦？”轿夫说：“大姑娘,！只要有您这句话，这轿子我们抬得保管让您放心！使您满意！”周说：“那我可得谢谢各位了！”轿夫头：“伙计们！稳着点，抬好点！”最后下场时轿夫和周凤莲的舞蹈，赢得观众喝彩声连连不断。1994 年，中央电视台邀请朱巧云以此剧的《待嫁》一场参加了当年的春节戏曲晚会。她也成为开封戏曲界第一个参加中央电视台春节联欢晚会的演员。

1996 年，一个名叫《白雪花》的现代豫剧在观众中引起了轰动。在剧中扮演主人公“代理村长”白雪花的演员正是朱巧云。该剧在市属五县演出场场爆满，一连演了近 30 场，还到山西、山东等省的农村、矿区进行巡回演出。有人说，该剧的成功在于剧情贴近生活、贴近实际，在观众中能够引起共鸣；有人说剧中的人物塑造特别成功，朱巧云出演的主角成了该剧一大亮点。当年，该剧荣获了全省“五个一工程”奖，朱巧云在河南省戏剧大赛中，因为成功塑造了白雪花的形象获得了表演一等奖。

她如饥似渴地汲取豫剧陈、常、崔、马、阎五大派的风格，以擅演花旦、刀马旦独树一帜，在帅旦、闺门旦方面也颇有功底。以扮相俊美、表演细腻、吐字清晰、唱腔甜润而名扬中原。《河南戏剧》刊载文章，称赞朱巧云是“一朵绚丽多姿的鲜花，同龄人的佼佼者和表演艺术家”。《中国文化报》以《豫剧一明珠》为题，发表专题文章并配发照片，高度评价她的艺术成就。

五、《焦裕禄》演到北京中南海

朱巧云不但能传承传统剧目，而且能塑造新的戏剧人物。

1991 年，开封市豫剧团排演了现代豫剧《焦裕禄》，一经演出，非常轰动，在河南省第三次戏剧大赛中获得优秀剧目奖，朱巧云因在里面饰演焦裕禄的夫人徐俊雅而获得表演一等奖。当年在北京中南海演出，受到中央领导同志、戏剧界专家及广大观众的热烈欢迎和高度评价。江泽民兴奋地说："榜样的力量是无穷的。"回忆起曾经3次出演现代豫剧《焦裕禄》的感受，她感慨万千。

朱巧云说：扮演焦守凤，使她读懂了世间真正的父爱。朱巧云是山东曹县人，她第一次在现代豫剧《焦裕禄》中扮演角色，是在20世纪60年代，那年她只有15岁。当时她只是东明豫剧团的一名小演员，在剧中扮演的是小梅——焦裕禄的大女儿焦守凤。谈到当时扮演这个角色的感受，朱巧云说："作为一名小演员，当时我对焦裕禄的理解就是，一心只为工作，对自己的孩子没有丝毫的爱怜，甚至觉得他真够狠的。"因为焦守凤出生的地点，竟是在长工的窝棚里。小的时候，焦守凤一直不在爸爸身边，而住在山东省博山县北崮山村的奶奶家里。她第一次见到爸爸，已经9岁了。焦守凤上小学时，父亲发现她用铅笔太费，嫌她没有把一支铅笔彻底用完就扔掉，就"勒令"她，拿给他旧的才能换新的。班上的同学几乎人人都有个文具盒，守凤却没有，她求爸爸给她买一个，爸爸却不给她买，而只是用木板为她做了一个。守凤初中毕业，没有上高中，父亲却建议她去农场当个"第一代有文化的农民"。守凤不愿意，后来父亲又希望她去学理发。再后来，在县委同事的劝告下，父亲也只是让女儿到园艺场当了一名园艺工。

对剧中父爱理解的转变，是在1969年朱巧云被调到开封地区豫剧团之后。随着年龄渐渐变大和对表演艺术的驾驭，她接连又在《穆杨会》、《抬花轿》、《绣花女传奇》、《红灯照》、《海霞》等多个剧目里扮演角色，后来还在电影《包公误》中饰演女主角段红玉，在戏曲电视剧《陈妙常》、《心愿》、《豆腐李招亲》、《破镜重圆》、《宋宫血泪》中扮演主要角色，在多部传统和现代豫剧中出演多个角色，使得她对曾参演的现代豫剧《焦裕禄》中的小梅这一角色有了新的认识。她理解了焦裕禄为何要如此对待自己的女儿，那是为了让女儿在艰难的生活中学会做人，是对女儿真正的爱。他交给女儿的不是手工做的文具盒，而是一种传统、一种品质。年幼的焦守凤曾经生过父亲的气，在父亲去世后，她后悔自己没有在父亲临终时接受父亲给她的遗物，这表现了焦守凤在对父爱理解上是怎样的一个转变过程啊！

她说：扮演徐俊雅，使她了解到生活中真实的焦裕禄。在几十年的表演生涯中，朱巧云曾经扮演过几十个不同的角色，但留给她印象最深的，莫过于在现代豫剧《焦裕禄》中出演的焦裕禄夫人徐俊雅这个角色：通过在生活中与徐俊雅多次的接触以及一次次扮演、揣摩这个角色，她

朱巧云在《女中魁》中饰周凤娘

对徐俊雅的理解也越来越深。同时，透过徐俊雅的内心深处，她也真正感受到了焦裕禄“心中装着他人，唯独没有自己”的思想境界。1974年，开封地区豫剧团排演现代豫剧《焦裕禄》，1990年，市豫剧团从省豫剧团调来国家一级导演袁文娜和骨干演员，再次重排现代豫剧《焦裕禄》，由省豫剧三团的著名演员杜其泰饰演焦裕禄，由朱巧云饰演焦裕禄的妻子徐俊雅。对于徐俊雅这个角色，朱巧云起初并不觉得有什么特殊之处。但通过与徐俊雅的接触，她发现，剧本中的徐俊雅与生活中的她在定位上有一定的差距：根据原剧内容，当徐俊雅得知自己家里连米面都供不上了，焦裕禄却把省下的钱用于帮助别人时，她对焦裕禄表现出极度不满。而朱巧云在和焦守凤的接触以及后来多次与徐俊雅的交谈中，她觉得在徐俊雅这个人物身上更应该突出其贤妻良母的优良品质，于是就和编剧、导演商量，对部分剧情和台词进行了修改。演出后，观众一致认为，舞台上徐俊雅这个角色塑造得好。1991年4月9日，该剧在中南海为中央领导同志演出后，时任中共中央总书记的江泽民同志握住她的手连声说好。徐俊雅曾拉着朱巧云的手说：“和影视剧中塑造的徐俊雅这个形象比，我最喜欢的还是你演的徐俊雅！”在中南海，当陪同江泽民等中央领导同志观看现代豫剧《焦裕禄》中“壮别”一场演出时，由于过分沉浸于剧情之中，徐俊雅竟突然昏倒在座位上。对此，朱巧云心里清楚是怎么回事。她在和徐俊雅的交谈中曾听她说，焦裕禄这个人是一个非常真实甚至有几分率性的人，在他身上，你很容易就能感受到我们平时所说的共产党员所具备的那种实事求是作风。作为妻子，起初也许一下子不能理解丈夫，但天长日久，就能感受到这份珍贵。朱巧云说：“从所扮演的妻子这个角度，我能感受到焦裕禄当年率领兰考人民战天斗地、根治‘三害’（盐碱、内涝、风沙）时的那种豪情。随着年龄的增大，我更是渐渐理解了现实中焦裕禄身上蕴含着的那种极其深厚的阶级情、战友情、夫妻情、儿女情。”

她说：在演出过程中，不少观众被感动得热泪盈眶，不仅仅是因为豫剧表演艺术的力量，更是因为焦裕禄感人的事迹和真实的力量。

六、结缘常派诚心拜师

朱巧云小时候在电影《花木兰》里看到常老师的表演后，对她特别敬重，心想：什么时候能跟着常老师学戏，那该多好啊！

转眼到了1989年，朱巧云荣获第二届“香玉杯”艺术奖，此时正逢

朱巧云在《穆杨会》中饰穆桂英

常老师组织为亚运会义演，她点名要朱巧云参加演出《抬花轿》。演出结束后，常老师来到后台，拉着朱巧云的手说：“1982 年，我看过你演的《穆杨会》，年轻的穆桂英气质演得好，第二届‘香玉杯’你也演这个戏，提高很快。这次义演又看了你的《抬花轿》，觉得有新意，在继承中出新。”这时常香玉的老伴儿陈宪章插话说：“周凤莲这个人物的性格你把握得好，爽而不疯，火而不过，活泼可爱。”常老师接着说，我有个想法，让周凤莲主动下轿步行，表现她心底善良，同情轿夫们在坎坷的路上举步艰难。我们经过修改后，演出收到良好的效果。最后，常香玉、陈宪章两位老师和女儿常小玉与开封豫剧团参加演出的同志一起合影留念。

而后，朱巧云多次去找常老师请教常派艺术及唱腔技巧，学《花木兰》、《破洪州》两个戏，把重点唱段逐段唱给老师听。常老师说：“刘大哥这段唱不能太慢，她是与刘争论时唱的，如果太慢了不符合剧情。字要唱准，唱清楚。以字带声，重不能把字咬死，轻不能把字唱飘，更不能把字唱转，一字一句要用心去唱，用情去演，要多练多想多研究，要唱出自己的功力和技巧，唱出自己的特色才行。你把《破洪州》录音带拿去，你陈老师在医院病床上把剧本给你整理修改一遍，让王永刚（朱巧云的丈夫）把戏先立起来，我们去看戏，然后再加工提高。”1990 年，正当开封豫剧团排演《破洪州》一剧时，剧团又决定排演《焦裕禄》一剧，朱巧云很着急，情绪急躁地向常老师汇报两剧排演情况，常老师语重心长地说：“巧云呀，听我的话，你一定要先排演好《焦裕禄》这个戏，宣传焦裕禄是大事，徐俊雅这个角色很重要，你一定要把这个人物演好，演成功。”听了常老师的忠告，朱巧云认真学习了焦裕禄的英雄事迹，又到兰考与徐俊雅同志多次交谈找感觉，终于使这个角色演出成功。

1991 年，《焦》剧赴京为全国人代会演出，江泽民等党和国家领导人观看了该剧。演出中，李瑞环对常老师说：“徐俊雅这个演员唱得不错呀。”常老师说：“她是我的学生，叫朱巧云。”节目演完后，江泽民上台接见演员，并作了重要讲话。第二天，首都各大报纸都刊登江泽民与朱巧云握手的照片。每当想到这些，朱巧云对常老师的感激之情是无法言表的。就在这次赴北京演出期间，一位中央领导同志的秘书（姓周）与朱巧云夫妇和常老师在全聚德共进午餐，周秘书把朱巧云想拜常香玉为师的想法道出后，常老师说这个事在去年就有人向我说过，我就同意了。而且这次我在李瑞环面前都说了，承认她是我的学生。不用搞什么形式，老师能看到你把戏演好比什么都高兴。今天在这里咱们师徒关系就这样定了。艺海无涯勤是岸，要努力学习，什么时候都不能骄傲。只有虚心才会有大的发展。我对开封很有感情，解放前我是在开封唱出名的，那是河南的老省会，人杰地灵，你也要学习其他流派，博采众长。在继承的基础上不断发展创新，跟上时代发展的要求。

常老师这些话时时都回响在朱巧云耳边，无论她担任演员还是剧团团长，都是按照常老师的要求去实践的。

1998 年 12 月 20 日，河南省文化厅和开封市委宣传部、市文化局在郑州举行了“豫剧大师常香玉收朱巧云为徒仪式”。在仪式上，常香玉大师说：“演戏先做人，朱巧云就是德艺双馨的人。”，正式收朱巧云为徒。在收徒仪式上，朱巧云向常香玉深深鞠躬，表达了一个弟子虔诚的心。从此，她更加自觉地学习常派剧目。

七、带领剧团团结奋斗

七朝古都开封，是豫剧“祥符调”的故乡，开封市豫剧团就是在这块沃土上于 1948 年成立，1956 年转为国营。历史悠久，实力雄厚，行当齐全，阵容整齐。1989 年开封市豫剧一、二团合并为现在的开封市豫剧团。

开封市豫剧团一贯注重继承和发扬祖国优秀文化艺术传统，吸取姊妹艺术之精华，大胆创新，努力探索，整理、改编、创作了一大批优秀剧目。以朱巧云团长领衔主演的《穆杨会》、《抬花桥》、《绣花女传奇》、《白雪花》等已成为本团的保留剧目，常演不衰，在全省及全国豫剧大奖赛中多次荣获一等奖，中央电视台等多家电视台录像并播放。河南省电视台把它们作为精品，录制成像，予以珍藏。部分唱段已被中央电视台录存于艺术精品库。上述剧目的唱腔已由黄河音像社等灌制唱片、影碟等发行全国。《包公误》和《梨花归唐》还拍成了电影艺术片。开封市豫剧团有着光荣的历史，在各地的巡回演出，除台湾省和西藏以外，足迹遍及全国。1960 年受中央人民政府委托，赴云南 6 省，为边防部队慰问演出，1979 年受市政府委托赴杭州为部队慰问演出，1992 年受市委市政府委托赴新疆慰问演出，受到各界各族人民的欢迎和好评。1991 年在北京中南海演出《焦裕禄》时，江泽民、李瑞环、宋平、李铁映等党和国家领导人观看了演出，并与演员合影留念，文化部和河南省人民政府，还专门颁发了特别嘉奖令。

在向市场经济转轨的新形势下，朱巧云在担任开封市豫剧团团长期间，率领着剧团坚守戏剧阵地，为传承戏曲文化做出了很大的贡献。1996 年，朱巧云获得了中国戏剧梅花奖。当她从领导手中接过“梅花奖”大红证书的时候，感到了豫剧传承的担子已经落在了自己的肩头。回到开封后，她对同事们说：“我感到‘梅花奖’对我来说是荣誉，更是一分责任。这不是大话套话，而是我内心的真实想法。”

朱巧云在《绣花女》中饰柳明月

朱巧云是这样说的，也是这样做的。作为开封市豫剧团团长，她不断开拓豫剧新剧目，在豫剧产业化方面走出了一片新天地。

如今朱巧云虽然已经退休，但她表示只要剧团用得着她，她一定竭尽全力。

八、退休不退席

朱巧云从艺 40 余年来，融“祥符调”的婉约柔美和常派的刚健清新于一身，以甜润柔美的声腔，潇洒流畅的表演，先后主演了 50 多个剧目。她成功地塑造了李铁梅、吴琼花、海霞、柯湘、红嫂、江姐、王银环、穆桂英等众多舞台形象，受到了广泛的赞誉。她还在电影《包公误》中饰演女主角段红玉。在戏曲电视剧《陈妙常》、《心愿》、《豆腐李招亲》、《破镜重圆》、《大家小家》中担任女主角。其中《穆杨会》、《抬花轿》、《血染宋宫》、《花轿错》、《焦裕禄》、《朱巧云艺术专题》、《朱巧云唱腔欣赏》等，先后由中央、河南、山东等电视台录制。中国唱片社、上海音像社、黄河音像社等先后录制了唱片和盒式带。朱巧云曾获多项大奖：有四省十四市豫剧中青年演员广播大奖赛一等奖，“香玉杯”艺术奖，河南省第三届戏剧大赛表演一等奖，河南省豫剧中青年大赛梨园杯一等奖，“今日中国豫剧十大名旦”大赛金奖，第十三届中国戏剧梅花奖，河南省第六届戏剧大赛表演一等奖等。以卓越的艺术实践推动了河南豫剧事业的发展。

近年来，她宝刀不老，仍在为戏曲事业尽心尽力。

2009年4月17日晚，在河南省豫剧一团“香玉大舞台”举行了“朱巧云专场”演出。在专场演出前夕，朱巧云身体欠佳，她是拔去吊针带病参加演出的，当晚舞台上的她倾情献上了《香囊记》“坐轿”、“书馆”，《穆杨会》“献图会师”，《樊梨花》“出征”等唱段，展示了她这位德艺双馨豫剧表演艺术家的风采。此次演出，朱巧云的亲传弟子，国家二级演员张水英，开封豫剧团著名须生张海杰等为朱巧云专场客串助演。戏迷演员、互动学身段的表演也为整台晚会增色不少。现场的气氛非常热烈，朱巧云的精彩演出博得了阵阵掌声和喝彩声。

2010年6月14日晚8点，由开封市文化广电新闻出版局、开封市文学艺术界联合会主办，开封市戏剧家协会、开封市豫剧院、开封市群众艺术馆承办的“朱巧云从艺五十周年戏曲演唱会”在开封电视台演播厅举行。中国艺术研究院戏曲研究所所长、博士生导师刘祯，中国剧协副主席、河南省文联副主席、河南省剧协主席李树建，省艺术研究院院长、省音协副主席方可杰，市领导张勇、王宝贵、陈国桢、陈传智等出席了演唱会。河南省文化厅、河南省艺术研究院、河南省豫剧一团、二团、三团，河南省戏剧家协会等多个单位发来贺电、贺信。演播厅内气氛热烈，朱巧云携众弟子进行精彩演出，朱丹、黄伟龙、王婷婷表演了《穆杨会》射雁一折，张水英、史雅丽表演了《绣花女传奇》中“庵堂”一折，朱巧云亲自披挂上阵演出了《破洪州》，并和豫剧院的演员联袂表演了《穆杨会》一折等。演出现场座无虚席，观众的喝彩声如潮。演出结束后，戏迷们涌上舞台，争相与朱巧云等合影留念。这台演唱会成为古城开封戏剧界和戏迷们热议的话题。

九、艺术探索薪火相传

“豫剧真是太博大精深了，这么多年来，我感觉我探索了，但是还远远不够！”这是朱巧云内心的真实感受。

朱巧云对多年来帮助她成长的老师、同事以及自己的家人心存感激。她说：“老师帮助我走进了豫剧艺术殿堂，没有他们的帮助，就没有我的今天。而我今后努力要做的，就是如何让豫剧艺术在我们这代人手中更

朱巧云在《穆杨会》中饰穆桂英

加发扬光大。而这，仅靠我们一两代人的努力远远不够。我要在身体允许的情况下，倾尽全力培养下一代戏曲演员。”

在担任市豫剧团团长期间，她就特别注意从青少年中发现戏曲表演苗子。1998 年，她成立了一个培训中心，招收了一批学生。如今，这批学生已经是开封市豫剧院的主要演员，有的成了豫剧院领导班子成员。

2001 年，因为身体原因，朱巧云调出了市豫剧团。2002 年，朱巧云和丈夫王永刚创办了开封东京艺术学校，全身心投入到豫剧教育教学之中。2004 年，朱巧云和丈夫又成立了开封豫剧艺术团，在培养豫剧新人中，他们的学生先后有 7 人获得全国“小梅花”河南赛区一、二、三等奖，1 人获得全国推新人大赛金奖，两人获得全省“小梅花奖”十佳称号，12 人获得全市“小梅花奖”十佳称号。2007 年 4 月，她所教的学生参加了第四届 CCTV 电视舞蹈大赛，并获得了表演优秀奖。为了进行豫剧推向市场的尝试，演员们的足迹先后到达山西、山东、安徽等省的多个市县。所到之处，豫剧都成了人们关注的焦点，大家对豫剧的喜爱时刻感动着朱巧云。她暗下决心，一定要继续努力，培养出更多的豫剧新人，让豫剧这门艺术更加发扬光大。

2005 年，朱巧云在河南省文化厅举办的艺术教育“百位名师”评选中当选了“名师”，眼下，朱巧云正在四处奔走，创造条件，力争把豫剧引入中小学课堂，让更多的人了解豫剧、喜爱豫剧、弘扬豫剧。她时常对弟子们说，无论什么时候，都要记住，既然从事了豫剧事业，就要明白肩上的责任，就要做德艺双馨的接班人。

2010年，开封二师附小聘朱巧云和开封市文联副主席樊城、河南省书画协会郭欣等文化艺术界名人为学校“小银燕”文化艺术团顾问。这些顾问将定期到学校，为艺术团学生进行相关培训。朱巧云说，这个顾问一定要真正地发挥作用，要在少年儿童中播下戏曲的种子。

朱巧云是第十三届中国戏剧梅花奖得主、国家一级演员，享受国务院政府特殊津贴。在50多年的从艺生涯中，她师承名门，博采众长，融会贯通，以其甜润流畅的声腔、清新潇洒的表演，成功塑造了许多栩栩如生、惟妙惟肖的艺术形象，倾倒了观众，也受到同行、专家的高度赞扬，以卓越的艺术成就推动了开封市艺术事业的发展。

“世上无巧不成书”，新乡有一位阎派亲传弟子朱巧云，不但与开封的常派弟子朱巧云姓名完全一样，而且连长相都非常相像，年龄上新乡朱巧云仅比开封朱巧云大六岁，难怪有不少人误会“常派弟子怎么成了阎派弟子”，在这里也顺便澄清一下，让大家知道，河南有两位豫剧名家朱巧云。

如今，朱巧云功成名就，为河南豫剧事业和全国的戏剧艺术作出了重大贡献，为开封市争得了荣誉。但她觉得从艺先做人，她不仅在艺术上精益求精，出类拔萃，在政治思想品德方面也严于律己。她为人忠恳，是一位德艺双馨的艺术家，愿她带出更多的戏曲传人。

2010年12月9日采访朱巧云于河南电视台8号演播厅。

插图照片由朱巧云提供。

李金枝

春华秋实笑东风

艺术小传

个人概况：

李金枝，女，1963年出生，河南省洛阳人，1974年考上洛阳戏校，1980年5月分配到洛阳文艺宣传队（后改名洛阳地区豫剧二团）工作，1992年调到河南省豫剧一团工作至今，国家一级演员，常派优秀传人。1983年获“全国三八红旗手”称号；1985年，成为第五次全国戏剧家代表大会主席团成员；2002年，被省委省政府评为优秀专家；2005年，被国务院授予享受政府特殊津贴专家；2010年3月，李金枝作为全国人大代表，出席十一届人大三次会议。

获奖情况：

1982年，李金枝以现代戏《洛河女儿》“约会”和“送别”两折，参加“河南省首届戏曲青年演员会演”，荣获表演一等奖第一名；

1991年，演出豫剧《风流女人》，荣获第八届中国戏剧梅花奖；

1991年，荣获文化部第一届“文华表演奖”；

1991年，荣获第二届“香玉杯”艺术奖第一名。

1993年，荣获“今日中国豫剧十大名旦”金奖；

2000年，演出《魂断上河图》，参加河南省第八届戏剧大赛，荣获表演一等奖；

2007年，参加文化部举办的第八届中国艺术节，饰演中青年常香玉，第二次荣获“文华表演奖”。并获“观众最喜爱演员奖”。

代表剧目：

《泪洒相思地》、《金鸡引凤》、《洛河女儿》、《风流女人》、《娥眉女》、《王屋山下》、《魂断上河图》、《江姐》、《常香玉》等。

艺术特色：

李金枝吐字清晰，运气舒畅；唱腔柔美甜润、以情入韵；表演细腻传情、精致到位，继承发展了豫剧闺门旦行当。

艺术人生

一、梨园世家开新花

1963年的岁末，在九朝古都洛阳市的一家剧场，一位女演员刚刚从舞台表演来到后台的休息室，还没等卸妆就做了母亲，一位小生命啼哭着来到了人间。这个婴儿就是以后享誉全国擅演“闺门旦”的豫剧表演艺术家李金枝。

俗话说，一个贵族需要三代换血，这话虽偏颇但也不无道理。梨园界仿佛也有这样的现象：一个特别优秀的演员，家中总有一些亲属与本专业有着千丝万缕的联系。李金枝的父亲是洛阳地区豫剧一团的主要演员，在演出剧目中常担任男一号，如：《红灯记》里的李玉和，《智取威虎山》里的杨子荣，《火烧草料场》里的林冲，《关羽斩子》里的关公，很受观众欢迎。母亲是花旦演员，在金枝出生的前几个小时母亲还在舞台上演出。出生后的金枝是在剧团长大的，剧团就是家，后台的衣箱就是床，剧团的叔叔阿姨就是亲人，在舞台幕条边看戏玩耍就是童年生活的全部记忆。没有人悉心地照料她，她随着剧团过着漂泊的集体生活，像一棵小草依附着剧团这棵大树生长。到奶奶家度假时，才几岁的她会穿衣、梳头、洗脸、叠被褥，有板有眼，一点也不找大人的麻烦。奶奶心疼地搂住她：“你真是个小铁梅，穷人的孩子早当家，也不知遭了多少罪呀。”

1974年，洛阳戏校招生，李金枝回家一说，母亲赞成她去试试，亲自给她洗了脸，梳了头，换了件干净衣服，她就和一个同学蹦蹦跳跳去考场了。第一道考题是唱“大海航行靠舵手”，她毫不怯场，歌声像泉水一样流了出来，唱到“不落的太阳”时，老师示意她多唱几遍，她便像上台阶一样一次比一次声音高，那宽广甜润的声音换来了考场围观群众的掌声；第二道考题是自由选唱，金枝唱了京剧《智取威虎山》中小常宝的唱段《只盼着深山出太阳》，老师在微笑，她也傻傻地陪笑，心中感到老师在欣赏她。果然，又经过几次复试，她如愿以偿地考上了洛阳戏曲学校，开始接受系统的戏曲教育。

二、洛阳小牡丹分外娇

洛阳是著名的九朝古都，历史上有很多灿若星辰的文化名人，戏曲底蕴亦相当深厚，被人们赞誉为“洛阳牡丹”的马金凤，就是长期工作在“洛阳豫剧一团”的著名豫剧表演艺术家。洛阳戏曲学校成立后，先后培养出了一批有成就的豫剧演员，如：李树建、柏青、王红丽等，李金枝有幸成为该校的第一届学生。

李金枝在《花木兰》中饰花木兰

1974年至1980年，李金枝在洛阳戏校受到了严格的科班教育。那时，学校的硬件不太好，但她学习的热情却很高。没有练功房，院子里找块平地就可以学习踢腿、下腰；挖个沙坑就可以练翻跟头；在宿舍里就可以练唱和吊嗓子。李金枝的唱腔启蒙老师是李淑梅，也就是歌星程琳的母亲，教她的第一段戏是：“我家的表叔数不清”。随着基本功的提高，又开始学习折子戏，排一些小戏。前四年学的是现代戏，如：《红灯记》、《沙家浜》、《智取威虎山》、《平原作战》等；排的小戏有：《山村兽医》、《红小兵》等。即将毕业前两年开始学习传统戏，在彩排《断桥》时，李金枝扮演白素贞，她是第一次正规包头，包的恶心又呕吐，只得卸了包头，歇一歇再包，这让李金枝体会到了若要台上风光必须台下吃苦的道理。很快，

李金枝（左一）向常香玉老师学戏

她的表演才能得到了展示的机会。

学校里排了一个古装戏《大闹清华府》，她扮演一个富有正义感的正宫娘娘，这个角色表演很少，多是唱和说，她非常认真。1980 年的牡丹花会期间，有关方面安排豫剧《大闹清华府》在洛阳人民会堂演出，李金枝扮演的正宫娘娘形神兼备，得到观众的好评。省电台专门到洛阳录了音，报纸上也刊登了赞扬的文章，当时的河南省委书记段君毅看完演出后接见演员，拍着李金枝的肩头说："你真不愧是洛阳小牡丹呀。"

当年的 5 月，李金枝以优异的成绩顺利地从洛阳戏校毕业了，被分配到洛阳文艺宣传队工作。告别学生生活时，她觉得这六年的学习使她终生受益无穷，除了自己的努力以外，她觉得最应该感谢的是学校的老师，他们确实像蜡烛一样照亮了别人，燃烧了自己。

三、少女成才动京华

老子曰："祸兮福所倚，福兮祸所伏"。李金枝毕业时没能分配到洛

李金枝在《泪洒相思地》中饰王怜娟

阳豫剧一团这样的知名剧团，而是分配在一个文艺宣传队，看起来这是坏事；但是，队里全是年轻演员，不用按资排辈，有了新戏，能够无顾虑地让年轻演员担纲，这又是青年人早日成才的好条件。李金枝就是在这种状况下，工作第一年就担任了女一号，排演了两部大戏。

第一部戏是移植的轻喜剧《孙成打酒》，李金枝在里面扮演卖酒女王桂英，这个角色是花旦行当，活跃泼辣，与她的性格有很大的出入。她有压力，怕演砸了，导演鼓励她："演戏吗，是演人物，又不是演自己，你要学会找感觉，慢慢地体会人物……"；母亲干脆在家里给她吃小灶，亲自教她花旦的台步和言行举止；她也自我加压，每天下班后就在院子里练习跑圆场、走台步、耍八角手帕，并想象着如何与卖酒女这个人物结合。终于，要在洛阳人民会堂演出了，她忐忑不安，但丑媳妇总要见公婆的。到了台上，一段唱和表演下来，没想到博了个"碰头彩"，演出效果出乎意料的好，竟有了轰动效应，还吸引了别的剧团来学习。这一下，使她增添了信心，体会到功夫果然不负有心人。

第二部戏排演的是从南方移植过来的古装悲剧《泪洒相思地》，女主角王怜娟是一个家世悲惨、感情受骗、经历坎坷、最终被逼入绝境的悲剧人物。单位里把演员们挑选了一遍，觉得 17 岁的李金枝身材苗条，形象清秀，嗓音条件好，就又把角色分给了她。她读了剧本后，对这个人物很感兴趣，心中有一种想哭的酸酸的同情心。导演认为她与角色有了共鸣，这是塑造人物极好的基础。但是，这个人物比卖酒女王桂英复杂，技巧要求也高，要掌握用水袖等表达悲痛心情的表演技术，要唱 200 多句唱词，有时一段唱词就是几十句。年轻的她从来没有担过这么重的担子，内心胆怯，甚至想打退堂鼓。组织上鼓励她，家里更是支持她，自费给她买了水袖、录音机等学习用品；怎么办？横下一条心，练吧。所谓面壁十年，李金枝深有体会，她家当时就住在洛阳人民会堂家属院，白天没有演出，她就在后台的走廊上脸对着墙练唱，从上场的第一段唱到剧终的最后一段。唱完一遍后喝点水喘口气，再练一遍，不知道反复练了多少遍，只是逐渐地感觉到轻松了，有感情了，心里有底了。接着再练表演，练习跪步时，双膝都磨烂了，鲜血直流。母亲心痛地用酒精棉球为她擦伤口，疼得她满头大汗。

1980 年 8 月 31 日，《泪洒相思地》在洛阳人民会堂进行了公演。李金枝这次准备充分，全体演员也非常认真，当唱到"当初他甜言蜜语将我骗"时，台下响起了经久不息的掌声，唱到最后，台上演员热泪盈眶，台下观众也泪流满面。演出结束后，观众久久不愿离开，她们只得反复谢幕。这个戏一口气在人民会堂演了一个多月，场场爆满。

此戏的公演，影响巨大，上级领导非常赞赏，这个文艺宣传队不得了，有好戏，有好演员，改名吧，后更名为洛阳地区豫剧二团。新改名的豫剧二团带着兴奋和朝气，带着《孙成打酒》、《泪洒相思地》两出戏到郑州亮相了，同样有轰动效应。有的观众从一个剧场追到另一个剧场观看；电台、电视台又是录音又是录像；各家报纸都在刊登评论文章；河南电视台还专门为李金枝拍摄了电视专题片《新苗出土，茁壮成长》；17 岁的少女李金枝红了，她没有想到，《泪洒相思地》日后竟成了她的代表作，演出近两千场。

1982 年，河南省举办首届戏曲青年演员会演，李金枝演出了刘育州老师创作的现代戏《洛河女儿》中的“约会”和“送别”两折，她在舞台上充分展示了塑造现代戏人物的功力，荣获表演一等奖，而且名列榜首。

1983 年，洛阳地区豫剧二团排演了豫剧《金鸡引凤》，李金枝饰演女主角肖金萍，由于演《泪洒相思地》练下了唱功，演《洛河女儿》积累了表演的经验，所以演起《金鸡引凤》来就轻松多了，这是个轻喜剧，很受观众欢迎，一连演了 100 多场。4 月份是洛阳牡丹盛开的季节，北京电影制片厂厂长汪洋和导演郭威、陈方千等一行人来到洛阳观赏牡丹，夜晚顺便到剧场看演出，一下看中了《泪洒相思地》和《金鸡引凤》，当场拍板，要把这两部戏曲拍成彩色戏曲艺术片。最后在年底，北影制片厂拍摄完成了彩色戏曲电影艺术片《三全其美》（原名《金鸡引凤》）在全国上映，受到好评，并被评为本年度北影厂优秀影片。从中，李金枝学到了在镜头前演戏的经验，但还是觉得，戏曲演员在舞台上的感觉会更好一些，能与观众交流，可以不断修改不足之处。

1984 年，上级主管部门让洛阳地区豫剧二团进京演出由李金枝主演的《泪洒相思地》和《金鸡引凤》。能到祖国首都演出，本来就非常激动，更让李金枝高兴的是，上级居然让常香玉老师带队。她无缘在省戏校当常香玉的学生，这次却能得到手把手被指导的机会，多么大的喜事。在首都一个多月的演出时间里，两部大戏在吉祥剧场、长安大戏院、人民大会堂轮番上演，依然观众爆满，引起轰动。人民日报等各大媒体纷纷发表文章，李金枝又被人们称赞为“洛阳小牡丹”。

著名作家张爱玲曾有句名言：“出名要趁早”。20 世纪八十年代，人们刚刚走出“文革”的阴影，憋着一股劲好好工作，很少有人去想名和利，李金枝却在不经意间早早地以 20 岁出头的年龄就红遍洛阳、扬名郑州、誉满京城，并且各种荣誉接踵而来。1983 年被全国妇联授予“全国三八红旗手”称号；1984 年，省委宣传部安排她与汪荃珍等人在省会拜常香玉为师；1985 年，她参加了全国第五次剧代会；1986 年，她作为中国青年代表团成员，到朝鲜民主主义人民共和国访问，受到金日成主席的亲切接见。这个时期，是她顺风顺水，无忧无虑，人生最快乐的阶段。

1989 年，她接受偃师市豫剧团之邀，去主演了现代戏《娥眉女》，该戏同样受到专家与观众的好评。

1990 年，湖北省十偃市豫剧团来河南为现代豫剧《风流女人》寻找女主角杨花的扮演者时，著名剧作家杨兰春非常欣赏李金枝在现代戏中的表演，特地向该剧团推荐了李金枝。在这出戏中，无论是创造性地表演“骑车背人”，还是抒情性的唱腔，李金枝都不负众望，以最好的状态进行了演绎，得到了领导、专家、观众的一致好评。当年 12 月，该剧受邀参加了第二届中国戏剧节，在北京吉祥剧场连演三场，在中南海的中直礼堂演了一场，这部戏也得到北京观众们的认可和好评。

1991 年，李金枝以演出豫剧《风流女人》摘取了“第八届中国戏剧梅花奖”，颁奖会在北京人民剧场举行，李瑞环、丁关根、李铁映等国家领导人亲自为她们颁奖，中央电视台也做了实况转播。同年，李金枝又荣获了文化部第一届“文华表演奖”和“香玉杯”艺术奖。

一个身居地级市豫剧团的演员，登台十年，就把一个演员所能获得的专业上的最高奖项一一拿下，真是奇迹。而她，当年仅仅 28 岁。

四、耕耘一亩三分地

名声在外后，很多单位想挖她，湖北省文化厅想调她，洛阳不给；省直剧团想调她，洛阳也不想给，培养一个好演员实在不容易，谁舍得让她离开。但是，成家后解决两地分居却是一个挡不住的理由，洛阳只得放手。毕竟是输送人才到省会，“闺女”有了好前途，“娘家”洛阳也光荣。

20 世纪九十年代初，李金枝终于调到了河南省豫剧一团。那时，正值全国掀起了下海经商热，剧团的演出市场在萎缩，不少演员在转行。她几经犹豫，还是决定在豫剧这一亩三分地上耕耘劳作。

1993 年，由河南省委宣传部、新华社河南分社、省文化厅、省剧协举办的“今日中国豫剧十大名旦选拔赛”拉开了帷幕，“人生难得几回搏”，李金枝坐不住了，在家人的鼓励下，她决定参加比赛搏一搏，没有戏曲班底自己请，没有经费自己筹，她拿出自家储蓄，请了琴师，请了搭档，因为每个参赛剧目不能超过15分钟，所以，她分别选择了《泪洒相思地》中的“临终嘱托”一折展示自己的唱功，选择《风流女人》中“骑车背人”一折展示自己的做功，不知流了多少汗，更不知流了多少泪；又经过初赛、复赛和决赛，终于以优异的比赛成绩，获得了金奖，成为了豫剧十大名旦之一，还是其中最年轻的一位。

通过这次获奖，她有了一个发现，看来自己这辈子只能属于戏曲舞台，干不了别的了。1997年，她被邀到济源市豫剧团主演了《王屋山下》，该剧目获得了文化部文华新剧目奖。

五、炉火纯青铸宝剑

2000年，河南省豫剧一团新排演了一个剧目《魂断上河图》，这是著名剧作家齐飞的新作，也是李金枝调入省豫剧一团来第一次在舞台上塑造人物，虽然李斌饰演的张择端是男一号，她饰演的李师师只是女二号，但她非常珍惜这次机会。李师师是北宋一个名妓，怎样演绎她，首先要把人物定位准确。为此，除了编导的提示外，她自己还阅读了《水浒传》和李师师的一些资料，从中了解到李师师原是一个苦命人，三岁时，卖豆腐的父母被人害死了，4岁流落在街头被娼家收养，培养成了一个色艺双全的艺妓，名噪东京，与皇帝、文人都有来往，懂诗词，善唱曲，在京城沦陷后也曾散尽家财支援抗金队伍，虽流落风尘也不乏正直和气节。在这部戏里，编剧是把李师师作为画家张择端的红颜知己来定位的。有了这些认知，李金枝就找到了表演的根据。在这部戏里，李师师的戏份不是很多，但李金枝却把她演绎得千娇百媚并不淫邪，风尘袭身但亦真挚，在大家看来，这个人物就是他们心中认可的李师师，因此专家和观众都非常喜欢并一致称赞，李金枝也在大赛中获得表演一等奖。

2001年，李金枝演过一段豫剧折子戏《绣红旗》，当时很多人建议她改编成豫剧《江姐》，从小就喜欢江姐的李金枝动心了，但是舞台上已经有了多种版本的《江姐》，特别是歌剧版更是深入人心，如何在现有的基础上有所超越，这是一个很大的挑战。因此她心动没有行动。随着时间的流逝，李金枝有了焦虑感，自己演了多年的戏，现在的年龄正是创作的黄金期，应该在最好的时候排出精品剧目。同时她也有很强的责任感，她认为现在的戏曲受到很大冲击，只有创作出更有吸引力的作品，观众才会走进剧院。于是，2005年李金枝成立了“金枝戏曲艺术发展中心”，首先就把豫剧《江姐》列上了议事日程。

李金枝在《江姐》中饰江姐

2005年，李金枝专程赶到北京拜访了歌剧《江姐》的编剧阎肃，这位老前辈听说她要把《江姐》改编成豫剧，非常支持，并提出了一些建议。随后，她又找到著名编剧陈涌泉，请他以歌剧《江姐》为蓝本改编豫剧。编剧对《江姐》的故事情节进行了一些改动，使江姐这一人物不仅大义凛然，而且还是一位好妻子，好母亲，是一个感情丰富的女人。为了演好江姐，李金枝把歌剧与京剧《江姐》都仔细地看了几遍，为了展现剧本宏大的主题，她让作曲汤其河和李宏权老师在豫剧《江姐》的音乐中大胆地使用了交响乐。经过了几个月的精心准备，在中国共产党建党85周年之际，2006年6月24日和26日，李金枝在省人民会堂向郑州人民倾情上演了现代豫剧《江姐》。李金枝成功地塑造了江姐形象，把握非常到位，这个江姐既是一个具有坚强信念的革命者，对党无限忠诚不惜献出自己的生命，也是一个情感十分丰富的知识女性，特别是绣红旗那一段，李金枝把江姐对党的深情和对祖国的情怀演唱得感天动地，很多观众情不自禁流下了感动的热泪。李金枝因此成为豫剧第一位江姐，与全国很多剧种创造的江姐形象相比，毫不逊色。

常香玉大师去世后，省豫剧一团计划排演豫剧《常香玉》来纪念常香玉，请李金枝饰演青年和中年时期的常香玉。她是常香玉大师的弟子，能够扮演老师，她感到非常荣幸，但也有很大的顾虑，因为常香玉是大家都熟悉和热爱的人民艺术家，不是谁都能演的，观众对这个角色会相当挑剔，自己压力会很大。还有自己的嗓音条件与老师的音色相差很大，如果演不好，就会对不起自己的恩师。但是，团里领导和导演都鼓励她：相信你能演好。为了心中敬爱的老师，也为了表达对老师的怀念之情，李金枝只能义不容辞地担当这个任务。打开记忆的大门，她与老师的交

李金枝在《常香玉》中饰青年常香玉

往一幕幕出现在眼前，她忘不了在北京演出时老师为她多次说戏，亲自示范；忘不了在与国家领导人合影时老师拉她往中间站；忘不了老师反对死搬硬套，让她保留自己的声腔特色。也遗憾在老师去世的时候她当时正跟随全国政协在外地视察而没能看上老师最后一眼。现在只有把这个角色演好，才是对老师最好的怀念。于是，她开始全面了解常香玉的一生，越了解心中越有戏，自己担任的中青年常香玉主要表现的阶段是：一个在旧社会反抗恶势力的女艺人，一个在抗美援朝时期义演捐机的爱国艺人，一个在文革中不忘为人民唱戏的优秀演员。常老师中青年时期的形象首先在她心中慢慢地活了起来，她渐渐的融入了角色，积极地投入了排练。排练得越深入，就发现这个角色为她提供的空间越大；每多排练一次，就多一份对老师的理解。她决意不再刻意的模仿常老师，而是根据自身的条件去揣摩、领会、把握和演绎常老师。年轻时少女的声音，建国后少妇的声音，中年时成熟的声音，她都加以区别进行了细腻的表现。因此她很好地完成了常香玉从18岁到40多岁的20多年跨度的表演，得到了大家一致的认可。

终于，在常老师逝世一周年之际，省豫剧一团在郑州市艺术宫上演了《常香玉》剧目，得到了观众好评。又经过两年的打磨，2007年该剧目参加了第八届中国艺术节的演出并角逐文华大奖。在此期间，因为连续紧张的排练和演出，李金枝体力透支病倒了，但她仍坚持着边治疗边排练，让自己用最好的姿态完成了艺术节的比赛演出，还应戏迷要求在赛后与王惠等演员在武汉解放公园、社区和军营进行义演。该剧以精彩的演出荣获了文华大奖，李金枝也又一次获得了文华表演奖，她还和尚长荣、于魁智、冯远征等著名演员一起被评为“观众最喜爱演员奖”，对于这些荣誉，李金枝说：“最想感谢的人是自己的恩师——常香玉，是她那‘戏比天大’、爱国爱民的思想鼓舞了我们。”

2010 年 3 月 10 日，胡锦涛总书记与李金枝亲切交谈

六、艺无止境驻风华

豫剧《常香玉》成了河南省豫剧一团的看家剧目，李金枝也对此剧情有独钟，不忘在一些重大场合进行宣传。

2010 年，李金枝作为全国人大代表参加了北京的两会。3 月 7 日在接受记者采访时说："总理的《政府工作报告》中关于推动文化建设，让文化事业要大繁荣大发展时用了大量的篇幅来阐述。这对文艺工作者来说是莫大的鼓舞和启发。使我们对豫剧的发展更加充满了信心。这些年豫剧也一直在努力创新，《常香玉》就是一个很好的例子。"

3 月 10 日上午，胡锦涛总书记参加了全国人大河南代表团的审议。审议结束后，总书记并没有立即离开，而是走到代表座席前和代表一一握手。当总书记走到李金枝面前时，她激动地说出了心里话："总书记好，我是河南的豫剧演员，欢迎总书记到河南视察，到时我给您唱豫剧。"

"你是哪个团的？"总书记一边亲切地问道，一边认真地看了看她的代表证。

李金枝回答道："我是河南省豫剧一团的，我们团这几年排演了豫剧现代戏《常香玉》，还荣获了文化部的'文华'大奖。"总书记听后满意地点头称赞。

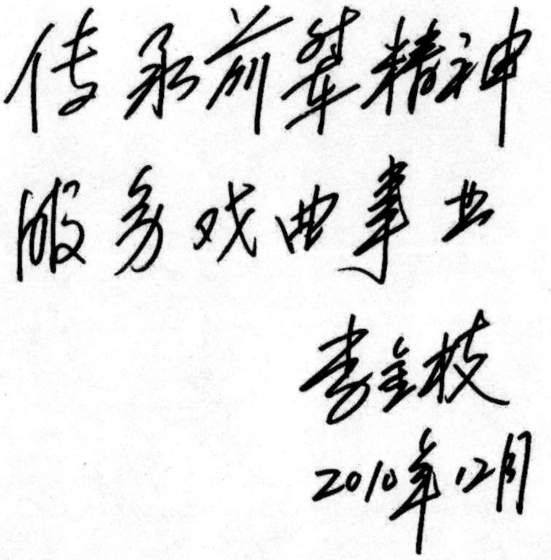

李金枝题字

近年来，李金枝的戏曲艺术日臻成熟，她在当今豫剧舞台上，充分施展了"闺门旦"的艺术魅力，是此行当中的佼佼者和领军人物，并在全国和全世界最高级的艺术舞台上都得到了展现，2006年9月，她跟随河南电视台《梨园春》栏目组，在澳大利亚悉尼歌剧院的大型戏曲交响音乐会《梨园飞歌》上演唱了《泪洒相思地》片段。2006年她参加了中央电视台的春节晚会，扮演的是红娘。2007年她参加了文化部举办的春节晚会，扮演了四大美女之一的貂蝉。

为了传承戏曲艺术，截止目前她已经收了十二个徒弟，其中还有一个男旦，她希望豫剧艺术能够代代相传，在中国民族传统艺术中能够发扬光大。在社会公益事业方面，这些年，凡有赈灾、义演，李金枝都主动参与、积极的捐款。目前，她和爱人已资助了四个贫困儿童，她俩将负责孩子们从小学到大学的全部生活费和学费。她是孤傲的，也是谦逊的，她常告诫自己，尽管取得了一点成绩，但是与各级领导的培养，豫剧一团的支持，广大观众的厚爱分不开，她要向自己的老师常香玉学习，演戏先做人，艺德是她时刻要保持的境界，她是这样说的也是这样做的。祝愿她在戏曲道路上迈出更大的步伐，风华永驻。

作者2010年6月采访李金枝于郑州黄河路咖啡馆

2010年12月9日再访于河南电视台8号演播厅

插图照片由李金枝提供

陈淑敏

军旅之花二度梅

艺术小传

个人概况：

陈淑敏，女，1963 年出生，河南洛阳人，国家一级演员。2004 年毕业于北京大学艺术系研究生院，现为中国人民解放军总政歌剧团正师级著名女高音歌唱家，歌剧表演艺术家，中国音乐家协会会员，中国戏剧家协会会员。

获奖情况：

1990 年，荣获河南省“十佳”歌手；

1990 年，荣获第二届“香玉杯”艺术奖；

1992 年，因主演豫剧《闯世界的恋人》，获第九届中国戏剧梅花奖；

1993 年，荣获“今日中国豫剧十大名旦”金奖；

1994 年，荣获全国“凯华杯”歌戏明星大赛银奖；

1997 年，荣获全国推新人新作风采展演会金奖第一名；

1998 年，荣获文化部声乐比赛民族唱法三等奖；

2000 年，因主演音乐剧《白莲》，获第十七届中国戏剧梅花奖；

2001 年，因主演音乐剧《白莲》，获第十二届上海戏剧“白玉兰”主角奖；

2002 年，荣获全军戏剧展演演员一等奖；

2003 年，荣获曹禺优秀演员奖。

代表剧目：

豫剧：《秦雪梅》、《花烛恨》、《闯世界的恋人》、《牛郎织女》、《苦楝花》、《泪洒姑苏》、《黑娃的婚事》等。

歌剧：《芦花白·木棉红》、《玉鸟兵站》、《党的女儿》、《太阳之歌》、《白莲》、《野火春风斗古城》、《红霞》、《清明上河图》等。

艺术特色：

陈淑敏声音爆发力与内心感染力的高度结合及善用各种手段揭示人物内心的表演，形成了极具感染观众的魅力。她是我国唯一跨豫剧和歌剧两个剧种的“双料”梅花奖获得者。

艺术人生

一、天生我才必有用

洛阳的洛宁县，是河洛文化的起源地。1963年10月，陈淑敏出生在河南省委的一个干部家庭，后随父亲工作的调动，成长于洛宁县。她自幼酷爱唱歌，她那“尖亮”的嗓音，常常因歌唱时的激情蔓延惊扰了左右四邻而得到褒贬不一的唏嘘声。她很小的时候就梦想着有一天能穿着花裙子站在舞台上唱歌，常常在她那细小的头发上接条围巾，踮着脚尖动情的唱着“北风那个吹”。在那清贫的岁月，能歌善舞的陈淑敏度过了快乐的童年和短暂的小学生活。

10岁那年，一个偶然的机会，陈淑敏来到了洛阳戏曲学校招生的考场，她唱的那段京剧《红灯记》“都有一颗红亮的心”的唱段，深深赢得了戏校老师们的青睐，一举通过了初试和复试。当入学通知书送到家中的时候，父母亲才恍然大悟，这个丫头魂不守舍原来是在等待通知书。他们舍不得，他们想阻拦，他们想让她继续上九年义务教育学校，然后再考大学，去工作。她没有办法反对父母，只好倔强地不吃饭来表示自己的决心，“绝食两天”吓坏了父母，他们只得尊重她的选择。于是，在亲人牵挂不舍的目光中，刚刚10岁的小姑娘陈淑敏就离开洛宁，前往九朝古都洛阳求学。

从10岁到16岁，在这豆蔻年华的岁月，陈淑敏像一颗小树苗一样，尽情地在洛阳戏曲学校吸吮着阳光雨露，学习着“唱念做打”，练习着“手眼身法步”，刻苦认真的她打下了扎实的戏曲功底。1979年，她以优异的成绩毕业于洛阳戏曲学校，顺利地分配到了自己心中的艺术殿堂——洛阳市豫剧一团，她渴望着自己在洛阳的戏曲牡丹园里，也能够成为一朵新绽放的红牡丹。

然而，命运并不特别地眷顾她，她虽然基本功扎实，但因人长得太瘦小，无法与他人配戏，所以她被分配到洛阳市豫剧一团后，一直没机会唱主角。眼看着当时自己那一批的李金枝、李树建等同学都已崭露头角，可她却备受冷落，心中真是五味俱全，没人时常常流下委屈的泪水。陈淑敏是个倔强的姑娘，她不甘心命运的安排。俗话说，人挪活，树挪死，一年后，她就想法调到了洛阳市豫剧二团。当时剧团要排演《秦雪梅》，这部戏是阎立品老师的代表作，她在洛阳豫剧一团时就已下功夫学了其中的唱段，她打心眼里盼望饰演剧中的女主角秦雪梅，可是不善言谈的她又不知如何向领导表达自己的愿望。于是，她就豁出命来，天天冲着墙角唱三四个小时，那清脆绕梁、撕心裂肺的唱腔终于打动了团里的领导，最后将秦雪梅一角分派给了她。她特别珍惜这次难得的机会，于是就全身心地投入，白天唱，夜里念，直累得大大的眼睛四周都塌了一个坑，但她却浑然不觉，感到自己有了用武之地，幸福极了。

幸福的她第一次显示出了刻画悲剧人物的功力，在《秦雪梅》这部戏里，她把秦雪梅探书房时的那种少女的娇羞和甜蜜，表演得惟妙惟肖；她把秦雪梅哭灵时的悲怆演唱得撕人肺腑，她把阎派闺门旦的行当演绎得一丝不苟。在洛阳的剧场一炮走红，听着观众雷鸣般的掌声，她知道自己没有辜负领导的信任，已经得到了观众的认可。17 岁的她就以阎派代表作《秦雪梅》一剧唱响了中州剧坛，她感到非常欣慰。

1982 年，河南省文化厅等单位举办了河南省青年戏曲大赛，她携带着《秦雪梅》这部戏，到省会郑州参加大赛，受到专家和广大观众的肯定和赞扬，获得表演一等奖。特别是《秦雪梅》的最佳扮演者——著名豫剧表演艺术家阎立品给予了高度评价，使她暗暗下定决心，一定要在这条道路上继续探索下去。

二、摘得梅花迎春来

自从证明了自己的能力以后，陈淑敏的艺术之路就特别通畅起来，她先后在《秦雪梅》、《花烛恨》、《泪洒姑苏》、《牛郎织女》、《金鸡引凤》、《儿女情长》、《苦楝花》、《生命之光》、《闯世界的恋人》、《黑娃的婚事》等十几部古装戏和现代剧中饰演女主角。较好地把握和塑造了

陈淑敏（左一）在歌剧《红霞》中饰红霞

十几个性格各异、感人至深的古代和现代妇女的艺术形象，塑造着不少在苦难中善良、娴雅、闪现人性光辉的女性，大家一致赞誉她为中原的“悲剧之星”。

1990年3月，一个偶然的机会，陈淑敏拿到了著名剧作家姚金成刚刚写成的现代戏剧本《闯世界的恋人》，她一下子被剧中的女主角“石榴”的悲苦命运吸引住了。她希望自己能够在此剧中担任这个角色。然而，这个剧本在论证会上，有些评论人员却认为该戏的立意和内容有点“超前”，因为剧中的石榴是个打工妹，为逃婚来到了喧嚣复杂的城市，在特殊背景下与自己的恋人“未婚同居”了，因此大家把这个剧本枪毙了。正在大家觉得此戏无望已经死定，准备收摊的时候，她却不甘心，到处奔走，找领导汇报，强调这个打工妹在改革大潮中在市场经济中在情感世界中的典型意义。在她顽强的反复恳求和游说下，领导终于同意把这个戏立上舞台。《闯世界的恋人》由洛阳市豫剧二团排演，她如愿以偿地扮演了打工妹石榴，她以自己出色的演唱刻画了一个新时期的打工妹：石榴是勇敢的，她不屈服命运跟着恋人离开农村到城市打工；石榴又是不幸的，恋人在物质面前移情他恋，抛弃了石榴；石榴更是悲情的，她的恋人因伤残回到他身边忏悔后，又咽下了最后一口气，她带着对纯洁爱情的向往和农民工价值尊严的渴望在山路上招魂……。这部戏是她第一次刻画塑造一个小人物，为河南戏剧走廊增添了一个悲剧角色，充分展示了她的艺术天赋和表演实力。当年，这部戏参加了河南省第三届戏剧大赛，她获得了优秀表演奖。1991年12月，该戏进京演出，得到首都文艺界的领导和专家的高度评价。著名戏剧家马少波与其他文化界领导上台接见演员后，非常激动地讲了40分钟话，称赞这部戏“很有生活气息，人物很生动，演员感情表现深入细致，给我们提供了两个文明建设中、改革开放期间很有典型意义的一段打动人心的故事”。北京的评论界称赞该戏是较早表现打工妹题材，且挖掘比较深的戏曲，特别对陈淑敏的表演给予了高度赞扬，称其“音乐的爆发力与内心的感染力得到高度的结合，有力地创造出了苦难中闪现人性光辉力量的女性形象”，在第九届梅花奖评选中她以全票通过，一举摘取了戏剧最高奖——梅花奖。

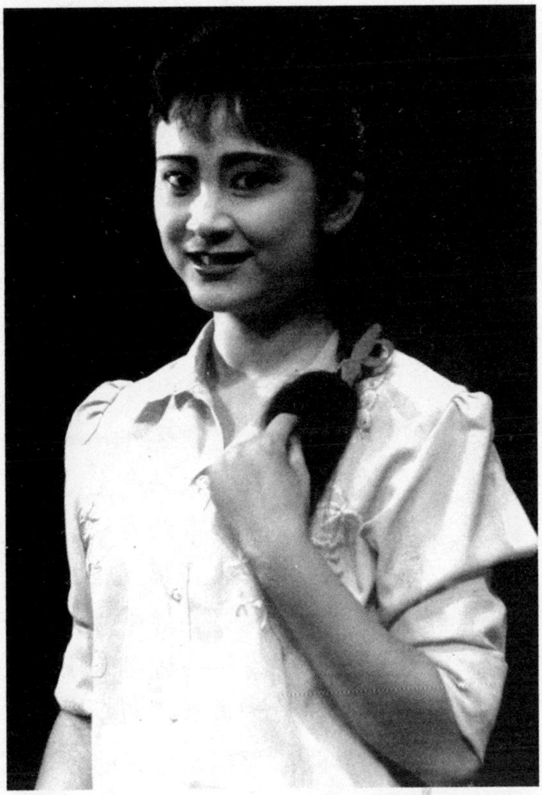

陈淑敏在豫剧《闯世界的恋人》中饰石榴

她曾在电视戏曲片《恩怨夫妻》、《秦雪梅》、《黑娃的婚事》及北影厂拍摄的电影《三全其美》中担任主要角色。尤其是代表剧目《秦雪梅》、《泪洒姑苏》和《闯世界的恋人》在北京、天津等地演出，由常香玉老师带领三进中南海怀仁堂演出，受到了国家领导和艺术专家的高度赞扬。当时的中宣部副部长贺敬之看罢陈淑敏主演的《闯世界的恋人》后上台讲话说道，“女主角的确是个好演员，后继有人，洛阳牡丹又开新花了!”，中国戏曲协会会长、著名戏剧家马少波当即赋诗一首来贺赞她在北京举办的个人戏剧专场演出成功，《北京日报》、《北京晚报》、《中国文化报》、《中国青年报》、《戏剧电影报》、《人民日报》、《中国戏剧杂志》、《工人日报》、中国唱片社、中央人民广播电台、北京人民广播电台、河南人民广播电台，《河南日报》等近30余家宣传媒体都相继发表文章及评论宣传她的成长过程及艺术特点，中国剧协为她举办了座谈会，首都戏剧专家给予她高度赞扬与鼓励，称她是“豫剧青年演员的一颗明珠”。

三、功成名就又转身

小荷才露尖尖角，戏剧界和省市的各级领导对她倍加呵护和培养。从1984年至1992年，她相继成为中国戏剧家协会会员，洛阳市政协委员，加入了中国共产党，任剧团团支部书记，任河南省剧协理事，任剧团业务团长，并选为专业技术优秀尖子人才，破格聘任为国家二级演员。就在陈淑敏获得第九届中国戏剧梅花奖，艺术和事业都处于上升期，人们都期盼着她在豫剧舞台上再创辉煌的时候，她却做出了一个令常人想不到的决定——她要离开豫剧舞台。

原因是在北京的专家座谈会上，有位德高望重的老前辈语重心长地告诉她，演员最终拼的是文化。专家们的话激起了她强烈的求知欲和读书欲，她便下定决心要进院校深造，提高自己的音乐理论，寻找新的发展之路。好像是命运的有意安排，正当她特别想读书时，河南大学艺术系民族歌剧班招生，她毅然赶去应试，结果顺利被录取。为此，当时年轻的她不知如何与领导沟通，工资待遇也不要了，受到通报也不回头，硬是跑到河南大学艺术系民族歌剧班去上了3年学。如果说，在洛阳戏曲学校6年，奠定了陈淑敏的戏曲功底，那么在河南大学3年则奠定了陈淑敏的音乐理论和声乐功底。这为她以后进军歌剧奠定了专业上的基础。

1993年，在大学期间，她报名参加了“今日中国豫剧十大名旦”的选拔赛，她凭着过硬的实力，获得金奖，进入十大名旦的行列。

河南大学毕业后，正值总政歌剧团招人，陈淑敏听说后没有犹豫，背起行囊就去了北京。然而那个时候，进总政歌剧团还是陈淑敏的一厢情愿。因为总政歌剧团招人，除了对专业水平要求得相当苛刻外，还有其他的门槛：要求28岁以下，未婚。而当时的陈淑敏已经32岁，孩子都6岁了。

但陈淑敏没有考虑这些，为了给自己争取一把，她豁出去了。令她惊喜的是，考场上陈淑敏刚一张口，评委便频频点头。她考试时的状态

陈淑敏在歌剧《野火春风斗古城》中饰银环

极好，唱了外国歌剧《弄臣》中的唱段，唱了中国歌剧《白毛女》选段，还表演了舞蹈《木兰归》，把考官们都震住了，大家异口同声地说“像这样能唱、会跳、擅表演的演员真是太难得了”。

表演完毕，评委问：“多大了？结婚没？”“26 岁了，没结婚。”陈淑敏说谎道。结果，评委笑笑说：“没有 26 岁吧，看起来也就二十三四岁！”

就这样，陈淑敏顺利通过了考试。通过考试之后，陈淑敏的心情反倒沉重下来：如实说年龄的话，团里能留她吗？但如果不实说，调档案的时候年龄已超和已经婚姻的事实露馅儿了怎么办？为此，陈淑敏愁得心脏病犯了三次。最后，经过一番内心痛苦的挣扎，陈淑敏决定：主动坦白。

听完陈淑敏说明情况后，总政歌剧团团长半天没吭声，之后抽出一支烟点着，狠吸了一口，皱着眉头说了四个字：“比较难办！”

虽然看出了团长的不忍，陈淑敏的心还是凉了大半截：全国够格的报名者多得是，人家还能要我这不符合条件的吗？要进总政歌剧团，须经过人事等各个部门的审批手续。团长想了一下，把这些部门的负责人全部叫来，加上第一次考试的“大腕儿”评委，一共 40 多人坐在台下，让陈淑敏再考一次。

陈淑敏一看还有留下的希望，就把自己的十八般武艺全用上了。结果，在场的所有评委都被她的演技所折服，陈淑敏成了唯一一个拖家带口进总政歌剧团的人。

四、天道酬勤二度梅

北京是祖国的首都，发展的空间和挑战的压力并存。总政歌剧团群星荟萃，不乏彭丽媛、杨洪基、戴玉强等名家，单歌剧“梅花奖”得主就有 9 位，就连配角演员也都是选自全国各地的佼佼者。初到歌剧团的陈淑敏想在这“大腕儿”云集的地方站稳脚跟，谈何容易。

刚进总政歌剧团不久，由于表现出色，陈淑敏为自己争取到了《芦花白·木棉红》中主角芦花的 B 角戏。这部戏的大致内容是芦花为了全家老小，长期操劳过度，不幸染上了双侧股骨头缺血性坏死症，但为了让丈夫在部队安心工作，她却屡向丈夫报一家老小平安。有一场戏是讲从部队传来了丈夫的好消息，芦花激动得站不起来，婆婆要写信让儿子回来，深明大义的芦花却死活不依。

为 A 角演员试戏的时候，配角演员都认认真真、一丝不苟。当导演说让陈淑敏走一遍戏时，这些配角演员都没把她放在眼里，以为陈淑敏一个来自河南唱戏的，能有啥能耐，于是都嘻嘻哈哈，应付了事。陈淑敏非常生气，但她把这种生气转变为自信，转移到了表演上！“我也想他早回家，我也盼他早回家，几次次写信揉碎了纸啊，想他、念他、又怕拖累他……”陈淑敏唱得声泪俱下，而后一声哭喊“娘——”扑跪在地，接着又是一连串连哭带唱。

陈淑敏唱完起身时发现，周围静悄悄的，没了嘻嘻哈哈的玩闹声。她回头一看，身后的配角演员个个眼圈红红的，已被她的演技所感染……

就这样，陈淑敏在总政歌剧团初露锋芒，再没谁瞧不起这位来自河南洛阳唱戏出身的歌剧演员，后来陈淑敏更凭着自己甜美靓丽的扮相、音域宽广的歌喉和运用自如的身段舞姿，先后主演了歌剧《玉鸟兵站》、《党的女儿》、《太阳之歌》、《野火春风斗古城》、《清明上河图》及歌剧片断《白毛女》、《刘三姐》、《红霞》等，在中国歌剧舞台开始绽放光彩，以自己出色的表演赢得了“盛开在首都歌剧舞台上的‘洛阳牡丹’”称号。

2000 年，我国著名编导张继刚创作了一部反映少数民族生活的大型音乐剧《白莲》，当时他在全国挑选演员。因为音乐剧不同于歌剧，只要演员能唱会表演即可。音乐剧既要求演员会唱、会表演，还要会舞蹈，尤其这部少数民族题材的音乐剧，更要求演员具有全面素质。当时张继刚在国内十几名歌唱演员中选来选去都不如意，要么能唱，但不会跳；要么会跳，嗓子又不好。正当他几乎绝望时，有人向他推荐了陈淑敏，并把陈淑敏演出《白毛女》片断的光碟送到张继刚的手中。张继刚打开仅仅看了一分多钟就一拍大腿说：“就她了！”。

《白莲》这部中国首部大型民族音乐剧，表现的是少数民族的一个传说。陈淑敏正是以其姣美的扮相、清亮的嗓音、优美的舞姿，神形兼备地塑造了白莲形象，使观众为其凄惨的身世、倔强的性格、炽热的感情所打动。尤其是剧中那一段段倾诉内心情感的唱段，如“姑娘时有个梦”、“让妹好好再疼哥”等优美而如泣如诉的演唱，都深深打动了观众，具有强烈的艺术感染力。拍摄《白莲》的那一个星期，陈淑敏正在演《玉鸟兵站》，无法脱身，张继刚就把跟陈淑敏对戏的两位男演员从广西叫到了北京。就这样，陈淑敏白天演《玉鸟兵站》，晚上拍摄《白莲》。有一次在拍摄过程中，陈淑敏的眼角被道具戳破，血流不止，差一点就戳到眼球了，被拉到医院缝了好几针，至今眼角还留有伤痕。歌剧演员连歌带舞，一半是体力活儿。一个星期过去，陈淑敏的身体快虚脱了，她说那几乎是她接过的最累的一部戏。“但是，我的能力在这部戏里发挥得淋漓尽致，很过瘾！"

天道酬勤，2000年，陈淑敏因音乐剧《白莲》而"梅开二度"，捧回了第十七届中国戏剧"梅花奖"。著名编导张继刚称赞她："才华横溢，条件优良，是极其出色的表演艺术人才。"陈淑敏时隔8年后再次获得"梅花奖"的剧种是音乐剧。能够在戏曲和歌剧两大领域都获得国家级最高奖项，陈淑敏用成绩证明了自身的实力。从而成为我国第一位跨剧种双料梅花奖获得者。

五、根扎中原枝叶茂

2005年，总政歌剧团复排《野火春风斗古城》。当时选拔演员的时候，团里很多"大腕儿"都参加了，评委是王晓棠、马玉涛等名家以及该剧原作者李英儒的女儿李小龙。经过层层筛选，陈淑敏脱颖而出，以总分第一的成绩笑到了最后，饰演剧中性格迥异的金环、银环姊妹俩。在同一个剧中饰演两个性格完全不同的角色，难度非同寻常，这对陈淑敏是一个挑战。有的时候换场，"金环"刚下去，"银环"就得上台，这中间换道具的当儿，陈淑敏不住提醒自己：我现在是金环，或者我现在是银环。每一场戏下来，陈淑敏都忙得脚不沾地，但她说：这样演戏，过瘾，刺激！

2006年，总政歌剧团为纪念长征胜利70周年，精心准备了"万水千山情相连"的晚会节目。晚会由杨洪基、王静等四位"大腕儿"分演四个篇幅，其中《红霞》篇幅最长。当时确定《红霞》演员的时候，导演张口来了一句："红霞这个角色非陈淑敏莫属，她来演再合适不过了。"《红霞》讲的是国民党反动派为追击红军，要老百姓带路，眼见匪军在屠杀乡亲们，红霞谎称自己愿给匪军当向导，把敌人带进埋伏圈，而她自己则光荣牺牲的故事。陈淑敏的演出同样得到了专家的肯定和观众的欢迎。

《清明上河图》中饰演李师师一角，给观众们留下了深刻的印象。而对于曾经在河南大学有过3年学习经历的陈淑敏来说，开封给她留下了深刻的记忆。在《清明上河图》一剧中，陈淑敏出演李师师一角，比起以张择端为主线的男演员，陈淑敏的戏份不是太重，但绝对是一个可以令她熠熠生辉的角色。陈淑敏对人物的理解是：才女，艺妓，妩媚，端庄，侠义，气质高雅，卓而不俗，而非一般意义上的青楼女子。她对张择端的才艺、画技乃至人品，都异常佩服，故能利用自己身为明妃的特殊身份和与风流天子宋徽宗的特殊关系，为其排忧解难，吹有益之风。

陈淑敏生活照

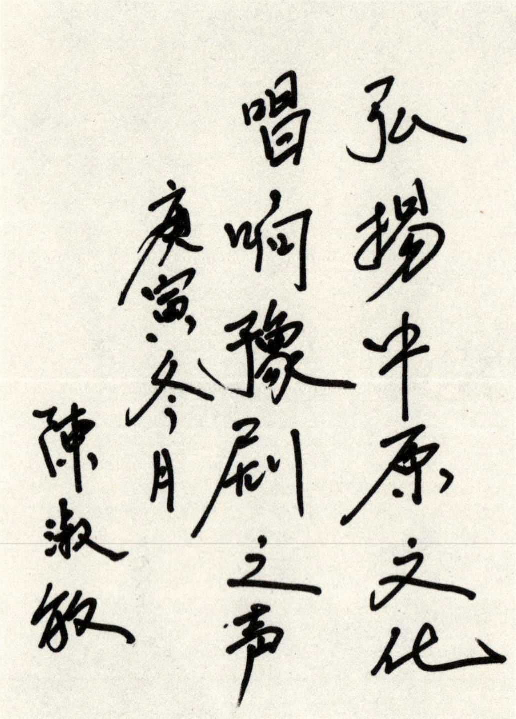

陈淑敏题字

面对那些诋毁、排斥张择端的嫉贤妒能之辈，则表现出极大的义愤和鄙夷。但是，又不能演得“太过”，需要很好地把握住人物的身份和关系，“太过了像夫人”，“太殷勤了像丫环”，这都是不对的。尤其是与张择端的关系，只能是赞赏与钦佩，除此之外，多一点点眼神都不行，不然的话就会将观众引入到才子佳人的惯性思维里，让人想入非非。而这显然是不符合剧情的。通常陈淑敏演的都是些戏剧矛盾冲突比较激烈、大喜大悲的角色，相对于这些而言，该剧中的李师师显得较平了一些。但唯其如此，才更能显现出演员的功力。陈淑敏很好地演绎了这个人物，使大家看到了人性的美好从古到今都是相通的，即使是一个艺妓也是如此。

近几年，陈淑敏接替彭丽媛，在歌剧《党的女儿》中饰演田玉梅。一经演出，从专家到观众无不叫好。该剧在河南演出期间，陈淑敏的一位在内蒙古工作的“粉丝”跑来连看了四场。

目前，陈淑敏虽然以她深厚的艺术功力，与彭丽媛、孙丽英一样，成为了总政歌剧团著名女高音，在首都文艺界取得了很高的荣誉；但她始终忘不了家乡河南的哺育，忘不了豫剧对她的滋养。她从北京大学艺术系研究生班毕业后，有了新的打算，这就是把她过去演过的角色，包括豫剧作个总结，举办一个个人专场，这是一个比较大的工程。陈淑敏说，在洛阳的20多年使她积累了丰厚的戏曲功底，歌剧团讲究能歌、善舞、会演。回头想想，不管哪场演出，她都受益于这些戏曲功底。陈淑敏说，如果有可能的话，她会带着个人专场回到河南洛阳，向家乡的父老乡亲作一个汇报演出。这朵绚丽的“洛阳牡丹”将带着豫剧的芬芳，在首都的歌剧舞台上绽放得更加绚丽多彩！

作者2010年11月电话采访

2010年12月20日采访陈淑敏于河南省剧协

插图照片由陈淑敏提供

马莉

煤城菊坛豫剧花

艺术小传

个人概况：

马莉，女，1944年7月生，河南省禹州市人，国家一级演员，中国戏剧家协会会员，中国戏曲表演学会理事，河南省戏剧家协会理事，河南省文联委员，河南省第五届政协委员，河南省第九届人大代表，河南省第六届党代会代表，平顶山市第五、第六届人大常委，平顶山文联副主席，平顶山市戏剧家协会主席，市专业技术拔尖人才。曾任平顶山市豫剧团团长、平顶山市文化艺术学校名誉校长。

获奖情况：

曾获平顶山市第一届、第二届戏剧大赛最佳表演奖；

1985年，荣获河南省第二届戏剧大赛表演一等奖；

1993年，荣获第二届“香玉杯”艺术奖；

1993年，荣获“今日中国豫剧十大名旦”金奖。

代表剧目：

《三凤求凰》、《杨门女将》、《红灯照》、《七品芝麻官后传》、《金玉奴》、《半个娘娘》、《盘夫索夫》、《春江月》、《大祭桩》、《母与子》、《八月十五云遮月》等。

艺术特色：

马莉扮相俊美，吐字明快，嗓音清脆圆润，优美动听，善于抒情，声情并茂；表演真切动人，含蓄深沉，稳重大方，注重人物内在情感的把握与开拓。在20世纪八十至九十年代，享有“性格化演员”、“知识性演员”的美誉。

艺术人生

一、小荷才露尖尖角

1944年，马莉出生在河南省禹县一个产业不大的地主家庭。这个家庭是由爷爷奶奶掌控的大家庭，她父母由于只生了两个女孩，便只分得2亩八分地耕种，生活十分困难。父亲是个喜欢拉二胡唱小曲的人，对于这个家庭，他不受重视，也没有热情，就离家出走，长期没有音信。母亲只得颠着小脚种地苦度人生，为了养活女儿，还在地里种了一小片烟叶以提高收入。马莉作为大女儿，5岁就开始帮助母亲劳动，经常跟着羊群拾羊粪，然后倒在烟叶地里以提高产量。还到街上拾烟头，剥出烟丝来卖。十岁左右就帮着母亲拉架子车干活。这个长得像洋娃娃一样可爱的小马莉，从来没有享受过“地主”的富裕生活，建立新中国后，却成了“黑锅”让她背着，时常让她不能直起腰杆做人。从她懂事起，因为家庭出身她就在村里备受歧视，在学校也逃脱不了同样的命运。孤独苦闷的马莉便常常靠在路边电线杆下，听那喇叭里传来的戏曲唱腔，特别是常香玉的“拷红”唱段，让她如痴如醉，久而久之，她竟能比葫芦画瓢地唱上几段，这给她那痛苦的童年增加了几分欢乐，也使她在学校里有了一点名气。12岁那年，马莉小学快毕业了，县豫剧团招生，有人就推举她，说她是个唱戏的苗子。县文化局负责招生的领导居然直接找到学校，准备录取她到剧团。马莉虽然能歌善舞，但她受传统思想影响，觉得唱戏不是个好职业，还想继续升学，便拒绝了。哪知道剧团的人却很执著，便活动了领导，不准录取她上初中，再加上家里生活困难，母亲一人养活不了她和妹妹两个人同时上学，只好动员她到剧团，好歹她能养活自己。就这样，她成了剧团的小学员。

经霜的菊花格外清香。马莉有一份工资能够养活自己，使她有一份满足；剧团的领导对她非常重视，把她当人才培养，也让她有了尊严。所以她非常珍惜当时的学员生活。每天早起晚睡，一天到晚练功衣不离身，除了练功还是练功。一年之后，马莉刚刚13岁，就登台主演了《拷红》（饰红娘），轰动了整个县城，随后主演了《白莲花》《柳毅传书》《困铜台》等多部大戏，成为禹县豫剧团最叫座的演员。也成为当地耀眼的小童星。

那时，提倡文艺为工农兵服务，剧团经常上山下乡。拉板车、抬戏箱她走在前面，练功排戏她最为刻苦，有了空闲她就学文化写日记。她很充实，也很愉快，只要一直这样生活下去，她也就心满意足了。她就像开在路边的蔷薇，只要能自然的花开花落，风吹雨打她都觉得是大自然的恩赐。

二、盛开在雪山上的雪莲

当然，20世纪六十年代初，在“阶级斗争”这根弦越绷越紧的岁月里，弥漫在这个小县城里一阵紧似一阵的“极左”冷风，也会不时向马莉这朵刚刚开放的花朵吹来。比如有人不服气地质问领导“为什么让地主阶级的孝子贤孙占领舞台”等等事件，在她心里投下了沉重的阴影。好在领导仍然支持她，让她继续担任主角演戏，群众也特别欢迎她。

这时候，有件事改变了她的命运。因为她多年没有音讯的父亲出现了，原来父亲这些年在新疆生活。多年来，她们母女3人对他充满了埋怨。作为一个丈夫和父亲，怎能任凭她们在家族的欺负中无处哀告，任凭她们在社会的歧视中苦苦挣扎。现在看来，他虽然多年对家里不管不问，实际在思想深处还是挂念着家中妻女。如今，他给她们带来了好消息，新疆建设兵团成立豫剧团，需要马莉这样有演技的演员。建设兵团不就是参军吗？能参军不就是革命战士吗？好呀，能够卸下“出身”这副十字架，何乐而不为。父亲毕竟是父亲，血浓于水，在她们最需要的时候，他给她们送来了最需要的精神食粮。她们也原谅了他，可怜他孤身一人常年在外生活，也一定吃了不少苦吧？有这样一个好机会，她毫不犹豫地带上妈妈和妹妹，离开了养育她成长的故乡，向遥远的新疆奔去，这年，她刚刚17岁。

果然，热情好客的新疆人民，以自己的质朴和真诚，象对待亲人一样，迎接了马莉，妥善地安置了他们全家。她如愿以偿地参加了新疆建设兵团的豫剧团。兵团领导的关怀，同行的信任，使马莉深为感动。

新疆兵团有很多河南老乡，想听豫剧来解思乡之情，所以兵团就筹建了豫剧团。新疆的垦区虽然偏僻荒凉，但兵团战士对剧团的演员特别喜爱，用火一般的热情来欢迎他们的演出，马莉觉得心中非常温暖。从17岁到27岁的10年中，她在建设兵团豫剧团先后主演了《鸳鸯谱》、《恩仇记》、《南海长城》等多部古装戏和现代戏，也排演了不少歌颂新疆生活的新戏。她不仅爱上了新疆人民，也爱上了那一望无际的戈壁滩。10年中，行走在天山南北，她走遍了生产建设兵团的基层连队，也深入到煤田、油城和边防哨所。广大指战员对她热情似火，各族人民对她亲如家人。此时的马莉，真是意气风发，英姿飒爽，她把生命中最美丽的年华献给了新疆，她把豫剧传播在了南疆北疆，扩大了豫剧的影响。她不仅获得了数不清的掌声，而且被观众称为“盛开在雪山上的一朵雪莲”。

然而，正当她在天山南北纵情歌唱、任意驰骋之际，那场史无前例的“文革”风暴却铺天盖地而来。出身不好又红极一时的马莉当然也在劫难逃。她立即被抄了家，赶下了舞台，住进了“牛棚”，老母亲也被勒令送回原籍河南。母亲是她一辈子相依为命最亲的人，她希望见上一面为母亲送行，被造反派的头目们断然拒绝。他们对马莉批斗逼供，令她上街修马路，上山打石头，还让她一天打出土坯600块，在她完不成任务，特别是人的尊严被剥夺殆尽时，她想到了跳楼自杀，在一只脚已跨出4楼窗户时，负责监管她的人拉住了她，他们不准她“自绝于人民自绝于党”，她当时真是活不好也死不掉。但是，对于一个在新中国成长的年轻演员，除了“出身”和“黑苗子”以外，也找不到什么罪大恶极的问题，她就这样被悬挂着熬岁月。

就在这时，爱情之神眷顾了她。一位来自云南的小伙子，在1964年就向她表示了爱意，但那时她天真的认为婚姻应该有组织上介绍，而且在繁忙的演出中没有时间思考自己的婚事，所以她拒绝了小伙子。而在四年后的1968年，她已经绝望没有生活下去的勇气时，这位在新疆科学院工作的小伙子又给她来信了，信中只有一句话：“不忍心让你一个人孤独的生活”。她看到信后，眼泪一下子涌了出来。她想到，原来有那么多的追求者，这个小伙子并不显得特殊。而这时她已经成了被管制的“黑苗子”，追求者像潮水一样退去，没有人理睬她了，他还在对她关心爱护，这不正是“患难见真情”吗，自己还有什么理由拒绝。现在事业没有了，母女相依的家被强行拆散了，只有结婚能让她再拥有一个家，她太需要有个家了。于是，她同意了小伙子的求婚，不料当地的造反派头目不同意，不给她开结婚的证明。好在新疆科学院的领导支持他们，在科学院一间简易的房子里，为他们举行了婚礼。从此这个名叫马正平的小伙子就成了她的丈夫，给了她一生幸福的源泉。

半个月后，她就与丈夫分开了，被分配到一个农场劳动。为了减轻她的劳动强度，不让她在戈壁滩上风吹日晒，好心的领导照顾性地让她喂猪，百十余口猪要拌饲料，要担水，要清理粪便、要赶上山坡晒太阳，活也轻不了那里去，而且比较脏，特别是丈夫系回族人，她作为媳妇喂猪合适吗？她立即给马正平写信述说了自己的苦恼，丈夫用当时的流行语言宽慰她："革命工作没有贵贱之分，只有分工不同。那儿远离人群，你可以借机练嗓子唱唱戏，也许以后有用得着的时候。"丈夫的话给了她面对现实的勇气，于是她白天喂猪，休息时练嗓子，晚上给丈夫写信，一天一封，丈夫也一天一封地给她写信，她收到回信就编上号，一大捆的"两地书"见证了他俩患难与共、生死相依的爱情。"福兮祸所伏，祸兮福所倚"，她尽情地喊嗓练嗓，最后练出了真假声结合的嗓音。为她以后的艺术生涯奠定了坚实的基础。

三、风雨过后见彩虹

1970 年，很多家在河南的原新疆市豫剧团的演员有不少回到了故乡，在筹建平顶山豫剧团的过程中，这些老乡兼同事推举了她，于是平顶山的有关领导向新疆方面要人。马莉动了心，她到新疆原不是为了喂猪来的。归去来兮，回家吧，何况在家乡还有受苦受难的老母亲。于是，她义无反顾的到了平顶山，丈夫为了她，也随之转了行，由一位生物研究者改行为医院的医生。可是，文革的极左路线以及人性的弱点，有人又把马莉排挤到山东菏泽市去唱京剧。还是马正平，这个外地人，为了妻子豁了出去，到当时掌权的省军区去论是非，使马莉在去山东一个星期后，又回到了平顶山。

终于，改革开放的春风吹散了"文革"的阴霾，风雨过后，马莉迎来了她艺术生涯的辉煌时期。她成了豫剧团的领衔主演，后来还担任了平顶山市豫剧团团长。

在平顶山工作的 23 年，对马莉来说应该是顺风顺水心情舒畅的。

她政治上有地位：先后担任了河南省政协委员、河南省剧协理事、平顶山市人大常委、平顶山市剧协主席，连年被评为先进工作者和三八红旗手。

她艺术上有成就：先后获得了"香玉杯"艺术奖，省戏剧大赛一等奖、特别奖和数次市级一等奖，被评为国家一级演员。

她事业上有追求：分别在古装戏《棒打薄情郎》、《春江月》；现代戏《母与子》、《八月十五云遮月》中，成功地塑造了金玉奴、柳明月、桂荣、秋荷等生动感人的艺术形象。在这些戏的创作与排练过程中，马莉每次都是全身心地投入到艺术创造之中，大到总体构思，小到一句声腔，都是一丝不苟地琢磨、推敲，确有一种“艺不惊人誓不休”的劲头。

苦尽甘来，她经过数年的努力，终于成为河南省著名的豫剧表演艺术家。

四、在艺术之海遨游

马莉虽然上学不多，但是读书很勤奋，中外名著读了不少，这形成了她善于思考、主动探索的习惯。

1982 年，马莉从《故事会》上看到一篇《母与子》的作品，她感到如果把它编成剧本搬上舞台，效果必定很好。她迅速组织创作班子改编剧本，写出了一个现代戏《母与子》，由她饰演女主角桂珍。这个人物的年龄、性格、内心世界和马莉十分接近，她感到这出戏简直就是为她写的。搬上舞台后，她演得娴熟自然，相当出色地塑造出了一个宽厚善良、质朴正直的继母形象。这个戏的成功，在很大程度上来自马莉的艺术直觉。《母与子》上演后，马莉曾收到上千封社会各界人士和失足青少年给她的来信。某劳教所 20 多位失足青年联名给马莉的信中说：“看了您的戏，我们是多么地想念妈妈。过去，我们惹妈妈生气，让她们担忧操心，我们有罪啊！是您，给我们指明了一条道路。我们一定好好学习、劳动，脱胎换骨，重新做人。”《母与子》的演出，在社会上产生了轰动效应，省内数家报刊发表评介文章，称赞马莉“塑造出了一个真实、质朴、心灵美好、意志坚强的慈母形象”。

20 世纪 80 年代后期，著名剧作家孟华给她送去了他的新作——意象剧《半个娘娘》。剧本描述了一个漂亮的村姑李桑桑和南王、北王的离奇故事。马莉看了剧本后，立即被那种崭新的形式和深刻的意蕴所吸引。她此时虽然演了很多戏，但是标新立异能够完全创新的戏还没演过，她很想探索一番，这个意愿和剧作者不谋而合。这个剧本形式新，新得有点离奇；意蕴深，深得似乎难以捉摸。剧本没有明确的时代背景，而是演绎了一个似曾有过的荒诞故事，它为表演提供了广阔的创作空间。身为平顶山市豫剧团团长的马莉当即拍板，要下大力气排演这个戏，在思想意蕴与艺术形式方面进行全面的探索和创新。在《半个娘娘》这出戏

马莉在《半个娘娘》中饰李桑桑

里，马莉扮演女主人公李桑桑。她把李桑桑演绎成古代社会中纯洁、善良却又带着几分野性的天真少女，其性格既有现实女性的某些特征，又给人以虚幻飘渺之感。在形体表现上，既采用了古典戏曲程式，又吸收了现代舞蹈的成分。经过马莉的精心塑造，一个崭新的艺术形象呈现在观众面前。

马莉在《半个娘娘》中饰李桑桑

《半个娘娘》的演出，产生了强烈反响。北京、上海有关方面向马莉和剧团发出邀请，希望他们到京、沪演出。著名河北梆子表演艺术家裴艳玲看戏之后，惊讶平顶山竟有这么好的演员，有这么好的戏。中国剧协副主席赵寻、郭汉城一行专程到平顶山观看《半个娘娘》，颇为赞赏。郭汉城特为马莉题写了“一枝独秀”的条幅，给予鼓励。

剧本有点荒诞，生活有时也荒诞。该剧居然莫名其妙地触及了某些人的神经，在演出几场后无疾而终。该剧虽然引起了不同的看法和争议。但从探索意义上来讲，它自有其不可取代的成绩。

五、艺术大赛一等奖

暑来寒往，马莉任凭生活的小溪涓涓流淌，但在艺术的山峰面前她却在不停地攀登。

1988 年，河南省举办第二届戏剧大赛，她所在的平顶山豫剧团排演了现代戏《八月十五云遮月》，她本人担任女一号“秋荷”，积极地参加大赛。

该剧是由著名剧作家齐飞创作的。讲述的是一个朴实无华、血泪深情的故事。质如白荷洁，命比黄莲苦的山妹子秋荷，靠织布纺花使丈夫春哥上了大学，又为了保护丈夫而被恶棍李贵侮辱。没想到，由此而被善良纯朴的人们所不容，就连深深地爱着她的丈夫也不同情她、不原谅她，她躲进深山，含辛茹苦地抚养着儿子，二十年后又靠着织布纺花送儿子上了大学，没想到儿子的恋人是春哥的女儿，竟在中秋节聚首。剪不断，理还乱，尽管她没有向命运屈服，但她在情感的苦海中越陷越深了。剧作者没有去追求情节发展的离奇性，也没有把春哥与秋荷的爱情与婚姻悲剧处理成“忘恩负义”的故事，而是专注于对人物命运的描绘，以情理为结构上的凝聚点，重在抒情，重在揭示人物的内心世界，引导观众向人生和社会的深层意识审视，使得剧作有了丰富的内涵。剧作的成功之处，就在于塑造秋荷这样一个农村妇女的屈辱而又美好的灵魂。秋荷是个悲剧人物，表面上看，造成这场悲剧的是那个错误的时代，是有权势的人物李贵，而实质上，不也有着春哥、兰爹、婆母、山奶奶这些善良人们头脑中封建传统的贞操观念的因素吗？就是秋荷本身，她在遭到恶棍践踏后不也反而自责有罪吗？不贞的罪名已经成为秋荷身上难以摆脱的重负，作者没有对这些人物作简单的褒贬，他们都成为某种错误历史的牺牲品，这样或那样地迷失了自己的本性。这样，作者所鞭挞

马莉在《八月十五云遮月》中饰秋荷

的就不仅仅是一个微不足道的恶棍李贵了，而是封建传统观念的受害者自身的局限性和可悲性。

秋荷在剧中由一个少妇到步入中年，有着长达二十多年的历史跨度，经历了三个不同的时期，感情变化起伏极大，唱念并重，表演更难。马莉准确地把握住了人物的性格，深入探索人物的思想内涵并赋予恰当的外部动作，使得内心体验与外部表现达到很好的结合，给观众留下了难忘的印象。第三场秋荷与春哥分离时的大段对唱，“难舍俺恩爱夫妻情意厚”，马莉行腔吐字，哀婉凄绝，如春水东流，抒发出人物难舍难别的感情波澜。表演更为细腻，分寸得当，如离家出走，把红“喜”字慢慢撕掉，欲走不忍，欲停不能，此时悲痛欲绝的氛围顿时增强，令人酸楚。马莉在剧中成功地塑造了秋荷的形象。充分显示了她的艺术功力和创作能力，得到专家和观众的一致肯定。

当年的大赛评委给予了高度评价：“《八月十五云遮月》通过秋荷在特定年代里被本村的“钱粮总管”李贵强奸后又遭受家庭遗弃的命运，揭示了我国社会生活中所存在的政治的、传统观念的某些问题，具有一定的认识作用，创作者们的追求和起步都是比较高的。《月》剧注意了主

马莉在《八月十五云遮月》中饰秋荷

要人物的塑造，以主要人物的命运贯穿始终，对于增强该剧的整体性，让观众形成稳定注意有一定作用。在一度和二度创作中采用的艺术技巧获得了相应艺术效果，利用贯穿音调和场上角色的表演使主要人物的出场先声夺人。利用月亮作象征体唤起观众的多向联想，利用情节上的跌宕诱发观众的两极对立情绪等等，都能够给观众以美感享受。舞美设计注意了表现环境，烘托气氛，与剧目的整体品格和谐一致。音乐创作具有现代意识，注意了用现代手法表现人物，配器也有一定特色。演员表演严肃认真，特别是主要人物的扮演者马莉同志的演唱较有功力。她的表演含蓄深沉，稳重大方，注重人物内在情感的把握与开掘。其嗓音圆润纯净，优美动听，善于抒情，能够达到声情并茂。把这个角色在剧中从一个少妇到步入中年，长达二十多年的感情经历表现得层次分明，细腻传神。准确把握住了人物的性格，深入恰当地展示了人物的思想内涵，确属难能可贵。”

《郑州晚报》发表了观众对《八月十五云遮月》的观后感：“舞台上，正是中秋佳节，一轮圆月不谐调地从中间裂开一道深深的缝隙，一对恋人和他们的父母团聚在一起。然而，却没有佳节的喜庆气氛，有的只是怨恨和悲苦……。月正圆时云遮月啊，恨在情中情更深。这一曲酣畅淋漓的悲歌，拨动着人们情感的琴弦。”

马莉因为在该剧中出色的表演获得了大赛表演一等奖，在观众和专家面前展现了一位颇具实力的豫剧名家的风采。

六、十大名旦夺金奖

1993 年，河南戏剧界举办了历时八个多月的“'93 今日中国豫剧十大名旦”选拔赛，来自九个省、区的近百名豫剧旦角演员参加比赛。马莉也积极备战，认真地投入，以《金玉奴·定亲》和《大祭桩·打路》两段折子戏参赛，她的精彩演出获得观众的一致好评，最终以高分获得十大名旦的金奖。

《金玉奴》的故事出自于话本《古今小说》，它早为大家所熟悉。这出戏的排练和演出，很有点“有心栽花花不开，无心插柳柳成荫”的意味。那是 1983 年冬季，他们正在豫东巡回演出，临近年节，却没有新戏带回本市，恰巧，省里有人送来了《金玉奴》剧本。团里一位负责人说，这个戏占人少，不费劲，就当成个“过路戏”排演吧，回到平顶山演它几场，到外地跑高台也多一个剧目。马莉却不这样看，她历来珍惜自己的艺术实践，排演大小戏都是一丝不苟。她什么话也没说，只是默默地钻研自己承担的金玉奴这个角色。她认为，在封建社会，金玉奴虽然出身微贱，但乞丐团头的家庭却非同一般，她受父亲疼爱，衣食不愁，且谨遵闺训，知书达礼，虽有几分野气，主要还是秀气。基于此，她塑造出的金玉奴的性格是：天真娇憨，伶俐可爱，洁身自好，敢于抗争，加上剧情的起伏跌宕，人物命运的大起大落，马莉细致入微的表演，使这出许多剧种常演的戏，在豫剧舞台上独具一格。由于观众的喜爱，《金玉

马莉在《金玉奴》中饰金玉奴

奴》这出“过路戏”变成了马莉的“看家戏”，马莉用它参加第二届“香玉杯”艺术奖和今日中国豫剧十大名旦选拔赛，都取得了好成绩，足以证明其艺术质量的过硬。

还有《大祭桩》这个剧目很多名家都演过，各有千秋，各具风采。而她博采众家之长，又作创新的尝试，注重刻画人物，以唱腔的声情并茂使人物的复杂心态外化，从而把黄桂英牵挂未婚夫李彦贵的无限惆怅、得知夫婿蒙冤后的万分悔恨、无端遭受婆母责打后的满腹委屈、在法场要与李彦贵同归于尽的坚定决心，表现得分寸恰当、层次分明，使这一古代英烈女子的艺术形象栩栩如生。在十大名旦竞赛中，她演出了《大祭桩·打路》这一折，为她夺得金奖立下了功劳。

七、激流勇退告别舞台

一份耕耘一分收获。马莉从事舞台艺术四十余年，终于获得硕果累累，先后主演过六十多部为观众喜闻乐见的传统戏和现代戏剧目，塑造

马莉在《大祭桩》中饰黄桂英

了许多性格各异的人物形象，在表演上形成了自己独特的艺术风格。她主演的代表剧目有：《金玉奴》、《半个娘娘》、《盘夫索夫》、《春江月》、《大祭桩》、《母与子》、《八月十五云遮月》等，先后被中央广播电台、中国唱片总公司、河南广播电台、电视台录音录像并出版她的选场选段和全剧的盒式磁带，中国唱片总公司出版了她首张豫剧旦角（CD）激光唱盘和盒式磁带“马莉唱腔”专辑，新疆广播电台录制了《新疆人民不会忘记你》的唱腔专辑。她获平顶山市一、二届戏剧大赛最佳表演奖，获省二届戏剧大赛一等奖，第二届“香玉杯”艺术奖，河南省文艺先进工作者，荣获“今日中国豫剧十大名旦”金奖。她的个人小传已被收入《中国戏剧电影大辞典》、《中国文艺界传记大全》、《中国当代艺术家名人录》、《世界华人文学艺术界名人录》、《中国当代文化艺术名人》，把她称为“煤城菊坛豫剧花”恰如其分。

1993 年 10 月 22 日，平顶山市矿工俱乐部座无虚席。举办了“马莉舞台生活四十年演唱会”。伴随着节目主持人的生动介绍，伴随着此起彼伏的掌声，马莉以她娴熟的技巧、悦耳的声腔、细腻的表演，向观众呈献了豫剧三个流派、三个行当的 4 个折子戏，这就是常（香玉）派的《大祭桩·哭楼·打路》，马（金凤）派的《穆桂英挂帅·接印》，阎

（立品）派的《盘夫索夫》，还有她根据晋剧《喜荣归气》移植的一折小戏。平顶山市的领导走上舞台，专程来平顶山观看马莉演出的省会戏剧界的专家们走上舞台，向马莉表示祝贺。舞台正面摆了6个硕大的花篮。河南省文联、河南省戏剧家协会为了表彰四十年来马莉对戏曲事业做出的卓越贡献，向她颁发了荣誉证书。

为了筹划马莉这场演出，平顶山市文化局的领导和市文联的专家们都是全力以赴、热情相助的。座谈会上，平顶山市文化局长在发言中充分肯定了马莉做出的贡献，希望她今后仍然能同观众见面。省内的几位专家在发言中都认为马莉在表演艺术方面已经进入炉火纯青的境界。她的扮相端庄俊美，嗓音脆亮圆润，悟性更为锐敏，大家希望她坚守阵地，除了把自己的戏演好之外，还要对青年演员进行传、帮、带，为豫剧发展与传承做出更大的贡献。

马莉款款地向大家谢幕，感谢社会各界及文艺界的领导和专家的一贯支持，也大度从容地宣布，这场晚会不仅是自己四十年艺术的总结，也是一场告别晚会。从此她将不再登台表演，她将退到幕后，到平顶山市艺术学校挂一个虚衔的名誉校长，专职做培养年轻人的工作。

大家十分惊奇，几十年来，还没有哪个当红的戏曲演员在身体尚可的情况下，自己主动告别舞台。作为刚刚夺得“十大名旦”金奖的马莉，艺术日臻成熟，年仅49岁就要退出舞台，对河南戏曲界无疑是一个损失。很多人为她惋惜，但她却很坦然。她说：“我在舞台中间站着，会耽误二三十岁的人早日成才，我想早日给她们让路。再说，趁着身体还好，到学校可以传授技艺，培养出更多的戏曲人才。”果然，她到了艺校以后，把自己几十年的唱腔和表演都毫无保留的交给了学生，成为大家心中的好园丁。

光阴似箭、岁月无痕，如今，退了休的马莉，走出了豫剧表演艺术家的光环，随着云南籍的丈夫到云南老家去定居。在那鸟语花香四季如春的南方，过着世外桃源般的生活，与豫剧界渐行渐远，也与豫剧界的朋友很少来往。然而，功能强大的网络却挂满了她演唱的视频。有《西厢记》、《棒打薄情郎》等，人们仍然可以欣赏到她的艺术，这也是现代科技的优越之处，让我们在几许想念和几分遗憾之余有几分慰藉，也算是幸事。

作者电话采访于2011年1月12日

插图照片由马莉提供

胡小鳳

凤舞长空舒广袖

艺术小传

个人概况：

胡小凤，女，1947年生。汉族，祖籍山东，出生于河北邢台市，国家一级演员，中国戏剧梅花奖得主，豫剧表演艺术家，“今日中国豫剧十大名旦”金奖得主，中国戏剧家协会理事，豫剧北派艺术创始人。8岁从艺，13岁主演《穆桂英挂帅》。1959年，《穆桂英挂帅》由中央新闻纪录电影制片厂拍摄成舞台艺术片。1960年，郭沫若把自己的作品《蔡文姬》送给胡小凤，并在扉页题词勉励她：“小朋友胡小凤，希望真像凤凰一样在万里长空中飞舞。”

获奖情况：

1990年10月，荣获第二届“香玉杯”艺术奖第一名；

1991年5月，以新编历史剧《芙蓉女》和“胡小凤折子戏专场”夺得第八届中国戏剧梅花奖；

1993年，荣获“今日中国豫剧十大名旦”金奖；

1999年，荣获第五届河北省文艺振兴奖优秀表演奖。

代表剧目：

《穆桂英挂帅》、《芙蓉女》，《虎符》、《武则天》、《审子辨奸》、《大祭桩》、《天国梦》、《乾坤福寿镜》、《江姐》、《沙家浜》、《红嫂》、《海港》、《杜鹃山》、《红灯照》等。

艺术特色：

胡小凤嗓音纯净甜美，高中低音共鸣俱佳，演唱自然流畅，委婉动听，吐字清晰，韵味淳厚，独树一帜。她的表演动作规范，节奏鲜明、稳重细腻，具有独特风度，被人称为北派豫剧创始人。

艺术人生

一、剧场边的小戏迷

胡小凤祖籍山东临清，1947 年出生于河北省邢台市一个普通的市民家庭。父亲很早便来到邢台从事木匠手艺，勉强度日。母亲 13 岁就到了并不富裕的胡家当童养媳，生活十分艰难。小凤在兄妹 4 个中排行老三，当她记事起，父亲年事已高，很少再做木匠活，母亲除了操劳家务还收些零碎活贴补家用，一家的生活重担几乎全落到年长自己十几岁的大哥身上。

胡小凤童年有两个爱好：一个是到郊外去游玩，一个是看不够的戏剧表演。小凤常向天空遥望，她喜欢小鸟自由自在的样子，喜欢大雁优美的有节奏的舞姿。“能飞多好！”飞上蓝天，看到更多更美的东西。这是小凤心中的理想。

在小凤生长的市场街，是邢台市最繁华的地方。她家附近有三个剧场和一个曲艺厅，是小凤最爱去的地方。那时的戏院常年有戏，有京剧、河北梆子、豫剧、曲剧、越调、评剧，还有邢台的地方戏四股弦、秧歌，这些小凤都爱看。戏院经常一天两开箱三开箱，每到这时，是小凤最兴奋的日子。她看了一场又一场，走了东边走西边，就像一只燕子在戏窝里飞来飞去。

小凤最初常跟父亲看戏。父亲是个老戏迷，有戏必看，据说年轻时曾立志学戏，不知何因没有如愿。懂事后，小凤便领弟弟或约小伙伴一起去听“在绣楼我奉了哪嗨呀哈咿呀嗨，小姐严命，哪嗨呀……”看完戏走在路上就学起来，回到家里也学。这样还不过瘾，干脆站到床上，将床单围起来当幕布，将枕巾扎到胳膊上当水袖，拿嫂子的腰巾系在脑后当链子。模仿各类角色边唱边舞，弟弟在旁边用手起劲打着拍子，嘴里不停地念着锣鼓点为她伴奏。小凤惊人的模仿力和记忆力，姐弟二人的配合，常常引得大人们开怀大笑。

从记事起，小凤看了数不清的戏：有京剧大师尚小云、荀慧生的戏；有豫剧大家常香玉、马金凤的戏；有京剧名演员崔盛斌的猴戏；有豫剧名演员姚淑芳演出的《抬花轿》；有赵桂英演出的《挂帅》；有肖素卿演出的《何巧娘》；有罗兰梅演出的《红娘》；还有申凤梅演出的越调剧目等等。她记得，在群众剧场看尚小云演的《乾坤福寿镜》，由于个子太低，就站在凳子上看；看荀慧生饰演的"红娘"，觉得很有特点，荀慧生在舞台上是大步走、大转身，表演低头抬眼，头饰后边扎个蝴蝶结，让人印象很深。

8 岁那年，永年县剧团在家门口演出，邻居的亲戚见她爱唱戏，便把她介绍到剧团。第二天，剧团就让她参加排演了《劈山救母》中的沉香。她当时还不知什么叫排戏，只是大人教啥她学啥。登台那天，大人们为她化妆穿服装，忙前忙后，她却觉得很好玩，上了台也不紧张，一唱就赢得观众喝彩。剧团所有的人高兴坏了，就将此戏作为剧团的打炮戏。后来她跟着剧团四处辗转下乡演出，吃了不少苦。毕竟是小孩子，有一次害大病，她特别想家，病好后便闹着离开了剧团。

10 岁那年，邢台市成立了戏曲学校，面向全市招生。小凤与小伙伴李保珍都考上了。邢台戏校有两个班，一个豫剧班，一个四股弦班。小凤进校晚，同学们都开始排戏了，豫剧班排的是《南阳关》、《断桥》，当时没给她排戏。不久，戏校的学生全部分配到邢台专区豫剧团。小凤到团后，老师给她赶排了第一个戏《见皇姑》，她饰秦香莲。一位姓张的老师手把手教授，几天功夫就排出来，随后与《南阳关》、《断桥》一起向领导汇报演出。小凤主演的《见皇姑》大受赞赏，短短几天排出的戏竟比戏校排了好长时间的两出戏还要好，很快作为剧团的垫戏随团演出。随后她又饰演了《秦香莲》中的女儿，现代戏《刘介梅》中的小女孩，成为学员里的佼佼者。

1958 年邯郸专区戏曲学校成立，面向各县区招生。当时邢台归属邯郸专区，为了培养新生力量，各县区纷纷选送本地优秀学员到邯郸戏校学习，小凤也在选送之列。小凤舍不得离开家，在父亲的威压下，她只得带着几分好奇，怀着对家的眷恋踏上了征程。

从邢台来到邯郸，可以说是胡小凤跨入人生走向社会的一个转折点。邯郸戏校坐落在邯郸市西郊偏僻的地方，学校已经有许多学员，共分两个班，一个是豫剧班，一个是平调落子班。平调和落子是产生于武安县的两个本地剧种。小凤所在的豫剧班，学员大多来自邯郸东边各县。

邯郸戏曲学校师资力量还是很雄厚的。为了培养后继人才，专门从河北省豫剧团调来主要业务骨干。单就豫剧教师来说，就有豫剧五大流派之一、人称豫剧皇后的陈素真，有河北著名演员宋淑云，武功教师有著名京剧武生耿荣先、李月楼、京剧刀马旦杜云仙、须生张庆良等，同时有编剧周孝武、导演苏泽民、作曲惠景林等。校方的教学方向是：培养学员既有京剧规范精美的表演，又有豫剧热情奔放的唱腔，造就新一代豫剧演员。

小凤到校较晚，年龄又小，平时除了看大同学排戏，主要就是紧张严格的练功。每天早上天刚蒙蒙亮，就踏着月色到校外那片空旷的田野喊嗓子，然后回到校院的土地上练功。吃过早饭，又是调弦、练功，下午是文化课、身段课、把子课。小凤从小练功并不刻苦，她随意性很强，喜欢的就多练好好练，不喜欢的就躲得远远的。她的腿比较硬，所以最怕扳腿，因为那很疼。每次练基本功扳腿时，她总站在后面，想找机会躲避。负责练功的王老师常吵她“小凤，数你腿硬，数你站的靠后，快过来扳！”无奈何只得前去任他扳。

戏校有时也外出实习演出，老师学员都演，常演的剧目有《穆桂英挂帅》、《花木兰》、《拾玉镯》、《朝阳沟》。小凤最爱看的是陈素真老师的《耶含嫣》、《宇宙锋》，宋淑云老师的《秦雪梅》、《打金枝》。

小凤在戏校排的第一个戏是个迎合当时政治任务的现代戏——《比比看》，人物有佘太君、织女星等。她扮演的是个小姑娘，里边有句唱词“织女休把大话说，俺的成绩比你多”，她一歪头，一卡腰，很神气，老师同学都夸她演得好。

小凤学的第二个戏是陈素真老师教的《耶含嫣》，同时学的有好几个人。后来又排了《打金枝》中的国母、《白蛇传》中的白娘子，还给外宾演出过。真正为小凤打下坚实基础，并使她受益并显露风采的戏是《穆桂英挂帅》。当时豫剧班排了好几个穆桂英，由惠景林、宋淑云两位老师整理唱腔，宋淑云和苏泽民共同导演，排出来后，大家轮换汇报演出。很快小凤的演出多起来了，《穆桂英挂帅》剧目成了戏校的重点戏。

二、幸运的小童星

1959年对胡小凤来说，是最灿烂最幸福的一年。对东风剧团来说，也是最辉煌的起点。

1959年6月2日，学校领导和老师召集全体开会，通知晚上要执行政治任务，任何人不许请假，准备重要演出。剧目有胡小凤主演的《穆桂英挂帅》、《盘夫》和一出落子剧。没想到是周总理来看演出，小演员知道后，都很认真地演戏。演出结束后，周总理和徐特立等领导上台接见全体演员，与小演员们一一握手，连称“这帮娃娃演得好”。当总理与小凤握手时，她仰望着这位伟人，直觉得他是那么英俊伟岸。在总理的询问下，随同的地委和剧团领导介绍了胡小凤等几个演员的年龄、艺龄，说她们学习刚一年多，进步很快，已经能演十几台戏。

同年8月，胡小凤与同学们赴北戴河演出。8月17日，郭沫若、徐特立等中央领导同志观看了豫剧班演出的《穆桂英挂帅》等剧目，当晚胡小凤演“穆桂英”的前半场，张素玉演的后半场。演出结束，郭老非常兴奋，上台接见大家，并一手拉住小凤，一手拉住素玉，问长问短。郭老第二天在他的驻地接见了部分师生，反复了解邯郸专区戏曲学校豫剧班的情况，对这帮娃娃表示出浓厚的兴趣。19日，郭老亲笔为豫剧班题名“东风剧团”。从此东风剧团诞生了。

9月23日，又是一个终生难忘的日子。那天胡小凤和同学们得到通知，晚上在邯郸地委礼堂为首长演出。这次又会是谁呢？晚8时，全体同学整齐地站在舞台中间等候首长到来。忽然台下响起热烈掌声，大幕徐徐拉开，小凤站在中间，一眼就看到一位身材魁梧、神采奕奕的人走过来。“是毛主席！”小凤惊喜极了。毛主席微笑着向台上的小演员们招手致意。

演出开始了，小凤强压激动的心情，专心致志地演出。她饰演的穆桂英一上场，就赢得了掌声。演出中她不断地为自己鼓气，精神非常集中。唱到“大帐”一场，她非常卖力，汗水流到眼里也不敢擦一下。而同学们更是异常激动，有人还偷偷地从舞台侧面观察主席的表情，据说主席笑了12次。小凤表演时，毛主席曾向身边的地委领导询问她的年龄，高兴地说：“13岁演53岁，演得好！”并指示可以去北京参加国庆十周年献礼演出。这天晚上，小凤激动得一夜也没睡好觉。她在日记中写到：“今天我给毛主席演出了，我是天底下最幸福的人。我一定好好学习，好好练功，天天向上，听毛主席的话，做一个好演员。”

不久，东风剧团遵照毛主席指示，赴北京参加国庆十周年献礼演出活动。她们在怀仁堂演出了《红娘》、《穆桂英挂帅》等剧目。周恩来总理、邓颖超、董必武、林伯渠、陈毅、邵力子、谢觉哉等党和国家领导人观看演出，并上台接见。演出结束，几位领导兴奋得迟迟不肯离去，对少年娃娃们的演出赞叹不已，尤其对《穆桂英挂帅》剧目的演出给予了充分肯定。稍后，东风剧团又应邀在中国文联大礼堂演出了《穆桂英挂帅》等剧，文艺界专家和领导夏衍、田汉、老舍、茅盾等人观看演出，对小演员给予了高度的评价和鼓励。

11月，胡小凤主演的《穆桂英挂帅》由中央新闻纪录电影制片厂拍摄成舞台艺术片，13岁拍电影，是中国戏曲历史上的奇迹。电影放映后，立即轰动了剧坛，小穆桂英——胡小凤也由此红了起来，胡小凤一跃成了戏曲小明星，东风剧团也闻名于世。

三、到中南海做客

邯郸市的东风剧团从它诞生那天起，就得到很多中央领导的关爱。

1959年10月初的一天，胡小凤和同学们应邀到林伯渠家中做客。林老夫妇非常平易近人，见到大家像见到自己孩子一样高兴，同学们也如同到了自己家一样。林老和夫人朱明设家宴招待大家，饭菜非常丰盛，小凤记得莲子汤很对自己的口味。林老还特地对小凤说："小凤，别忘记是党培养了你，你要立志成为名演员。"

1959年10月20日，胡小凤与东风剧团的小演员受邀到中南海西花厅，到周总理家中做客。邓妈妈拿出苹果、点心、糖果招待大家。周总理慈爱地看着大家，逐个地询问年龄、籍贯和姓名，还特地问了宋淑云和杜云仙两位老师过去学戏的一些情况，并介绍梅兰芳、程砚秋等大师的学艺遭遇，语重心长地说："他们在旧社会学艺是很苦的，经常吃不饱穿不暖，还要受有钱人的欺侮。你们老师都是过来人，也会有许多体验。"他一再嘱咐大家："过去学习艺术不容易，挨打受气，你们生长在毛泽东时代多幸福，要珍惜现在的时光，好好向老师学习。要听毛主席的话，勤学苦练，为工农兵服务……"总理讲了许多道理，问了许多话，大家幸福地答应着，还提了想与周总理合影的要求。临走时，周总理答应了大家的要求，在门庭前小柏树旁留下了许多合影。邓妈妈往每个人口袋都塞满了糖果，连说带给没来的同学。

1960年8月，东风剧团在北戴河执行暑期演出任务。有一天，胡小凤刚刚练完功，稍作休息，领导忽然通知她准备出发，执行政治任务。小凤慌忙换好衣服，扎上红领巾与乐队的老师坐上一辆汽车出发来到西山，原来是给毛主席和其他中央首长清唱。"穆桂英脱去铁甲身松散，每日里侍奉太君在堂前……"一曲"挂帅"唱罢，她手足无措，扭头跑了

1959 年国庆期间，“东风豫剧团”小演员应邀到周恩来总理家做客并合影

回去。中央警卫局的李局长上前拦住她：“你这孩子！怎么也不给主席敬礼?”她方才醒悟，连忙跑到主席面前，端端正正敬了个队礼。毛主席微笑地招手让她过去，用他巨大的手握住她的手，问道：“你就是东风剧团的胡小凤?”她点点头。“今年多大啦?”“14 岁。”“唱得满不错哟。”“唱得不好，我还要虚心学习。”此时小凤真想对毛主席说：“您给我演的《穆桂英挂帅》提提意见吧。”她试了试没敢说出口。此后毛主席询问了

小凤的学习情况。第一次离毛主席这么近，小凤仔细地观察着，看他很能抽烟，一支接一支地吸着。小凤心想："主席穿的衣服肯定和平常人的不同。"就摸住主席的手臂，搓了搓衣服料，觉得很普通。

1960 年 3 月，东风剧团在北京国务院怀仁堂演出，每场演出邓妈妈必去观看，而且总到后台去看望，对演员们关怀备至。3 月 9 日，剧团在人民大会堂小礼堂为全国妇联组织主持的晚会演出，观众有许多国家的妇女界代表。开演前邓妈妈到后台，嘱咐大家不要紧张，要演好。演出结束后又到后台表扬大家："你们演得很好，这不光是让中国人看到，也让外国人看到了，很有国际影响，让外国人也看看中国的新一代。"

1961 年 4 月 30 日，周总理和邓颖超一起在东风剧场观看剧团演出的《茶瓶记》、《斩秦英》（胡小凤饰演银屏公主），观后高兴地对身边的领导说："一年多没见，孩子们进步不小。"

5 月 1 日晚上，周总理与邓颖超一起，在邯郸工人剧院观看东风剧团演出的《扈家庄》、《红娘》、《宇宙锋》选场，小凤主演了《宇宙锋》。中央新闻纪录电影制片厂拍摄周总理与邯郸人民共度"五一"的纪录片，那部片子的名字叫《四大领袖在各地》。

1963 年 10 月，东风剧团在国务院小礼堂演出，周总理和邓颖超观看了演出。邓颖超热情地夸东风剧团是"党培养得好，剧团领导得好，老师教得好，学生学得好"的四好剧团。此后由于"文革"的原因，小凤和她的同学们多年没有见到邓妈妈，直到 14 年后的 1977 年。

四、郭老的剧团

从郭沫若副委员长第一次观看小凤的《穆桂英挂帅》，亲笔题名"东风剧团"之日起，东风剧团就与郭老结下了不解之缘。他就像对待自己的孩子一样，无微不至地关怀惦记着剧团。胡小凤本人更是与郭老建立了深厚的感情，把郭老看作自己艺术的指路人。

1959 年 10 月 21 日，她和同学们第一次去郭老家做客。郭老迎在大门口，在家中拿出水果给她们吃，还语重心长地说："小凤，你现在出名了，东风剧团也出名了，俗话说，人怕出名猪怕壮。"小演员们不理解，郭老耐心地解释，大伙都笑了。郭老接着说："所以你们千万不能骄傲。"

1960 年初的一天，剧团领导带领部分师生去北京看望郭老，郭老将他的作品《长春集》、《百花齐放》等分别赠送大家，给每个人的书上签了名。他特地送给小凤一本《蔡文姬》，并在扉页上亲笔题词："小朋友胡小凤，希望真像凤凰一样在万里长空中飞舞。”一句话写在小凤心上。她多想像郭老说的，像凤凰一样飞舞，在万里天空飞起来！小凤将那本书如珍宝般地收藏起来。

1960 年 2 月，东风剧团在为中国科学院演出时，一天下午，郭老和副院长张劲夫在中关村设宴招待全体演职员。郭老高举酒杯向大家问好，鼓励大家努力学习，天天进步，预祝演出成功，最后说：“希望你们要像攀登珠穆朗玛峰那样，去攀登艺术高峰。”讲话引得一片喝彩。演出结束，郭老以中国科学院的名义为剧团题词：“曲闻天上，春满寰中。群芳竞秀，一片东风。”

郭老对待她们就像对待自己的孩子一样关心备至，体贴入微。1960 年 3 月，东风剧团在人民大会堂为全国人大常委会演出，《挡马》中的一位演员不慎摔伤，郭老顾不得看完戏，亲自赶到后台询问情况，慰问受伤的同志，见一切安顿完毕才宽下心来。

一年夏天，东风剧团在北京演出，为学习方便住在中国戏校。郭老专程去看望大家，当全体合影往外走时，他知道小凤脚烫伤后，便关切地说：“小凤，你走不动，让我背你。”说着半蹲下身子。几个人忙上前拦住郭老。小凤激动得热泪盈眶，赶紧一拐一拐地往前走去。

郭老无时不在关心东风剧团的建设和艺术发展。他为东风剧团建设的排练厅亲笔题名“东风剧场”，将他的话剧《武则天》、《虎符》先后交给剧团改编，多次参与修改，听取该剧排练情况的汇报。在北戴河观看胡小凤主演的《武则天》首次彩排，边看边记，连夜补写了三折过场戏，对该剧的导演、舞美服饰、音乐作了具体指导，对个别唱词和全剧说明书进行了修改。郭老还为东风剧团演出的《虎符》剧目题诗一首：“当年为斥蒋光头，今日翻成反帝修，看汝魏王遗臭远，如姬虽逝足千秋”。

郭老对东风剧团的演员亲如一家。1963 年 9 月，郭老陪同李先念副总理、沈钧儒副委员长专程去北京长安剧院观看《虎符》，演出结束上台接见合影时，身后一位演员不小心碰他一下，郭老回头发现后连说：“噢，是我挡住你了，叫我蹲下。”最后竟和演员蹲在一起，让他起来，他坚决不肯，说：“我和他们（指李先念、沈钧儒）不一样，我是剧团的人。”那张合影，小凤至今还保存着。

胡小凤记得，郭老曾接见她们 20 多次，为东风剧团题词 10 幅之多。

五、博采众长汲取营养

东风剧团的创建和发展，胡小凤和一批艺术人才的成长，除了老一辈无产阶级革命家的关怀外，还有一个十分重要的因素，就是剧团的领导和老师给了她们无私的栽培。

东风剧团的首任团长孙建臣给他们这些小学员请来了优秀的老师，其中有豫剧名家陈素真和桑振君以及优秀的京剧演员到剧团任教。还把小学员送到外地向戏曲名家学习。

成为一个好演员，很重要的是要有一个良好的开端，要有优秀的教师为其作出规范。记得小凤在排练《穆桂英挂帅》时，宋淑云老师不厌其烦地教练，唱腔是一句一句地磨练，表演是一招一式地细刻，穆桂英的第一次上场排了不知多少次。苏泽民导演为她排练其中的“接印”一场，设计了较完整的表演程式，反复分析人物和表演层次，对她启发很大。13 岁的胡小凤不会有更多更深的理解，但感性认识比较快，模仿能力很强，所以基本达到了老师的要求。为了排好《穆桂英挂帅》，宋老师还专程带领小凤和几个主要演员去北京观摩。那是她第一次进北京，在吉祥剧院观看了梅兰芳演出的《穆桂英挂帅》，梅先生的庄重、含蓄、优雅，给她留下深刻印象。随后又到邢台观看马金凤的《穆桂英挂帅》，学习她的稳重和帅气。学习归来，老师们将京剧、豫剧的各自特点进行了分析。学习京剧，对表演程式进行规范，对唱词和语言简练精化；学习马金凤更注意人物的巾帼气质；再根据小凤表演特点做了适当调整。穆桂英的上场处理得比较好，上场前用打击乐把观众的情绪调动起来，然后先一个静场，待鼓条催起，她再一步步不慌不忙走出来，紧接着亮相，左一个甩袖，右一个甩袖，音乐起后一大段唱。这个上场被认为是胡小凤少年时演出的一段精品，因为那时候从这段表演中就看出，她的端庄仪态具有大家风范。

此外，陈素真老师教的《宇宙锋》也是她的优秀剧目。豫剧是地方剧种，大多数演员注重唱腔而忽略表演，但陈老师不然，小凤在她身上学到很多东西，在天津参加河北省青少年会演时取得优异成绩。

1962 年，东风剧团专门派小凤赴西安登门向尚小云学习。尚先生亲授小凤《乾坤福寿镜》，这是京剧的经典剧目，是集唱、做、表为一体的青衣戏。尚先生每次教授一段，然后让她下去自练，回课过关后再向后学。能够有机会向尚先生学习，小凤深知实属不易，因此学习非常刻苦认真，她下来后就不停地练，再加上她的悟性较好，学得快，尚先生对她的回课一般都比较满意。跟尚先生学戏，小凤收获最大的就是表演，尤其是水袖。尚先生的水袖有创意，它干净利落，如将水袖直线抛出，直线收回，动作很快。这些小凤都巧妙地运用到她的表演中。那年国庆节，尚先生准备上演他的新作《昭君出塞》，经常在小礼堂排戏，小凤就观看他的排练和彩排，后又到剧院观看演出。尚先生的这个戏很有创意，服装漂亮，水袖是纱的，衣料柔软光泽，附有闪烁的亮片，动作幅度大，表演舒展优美，突破了旧有的程式。这些表演以后被小凤融化入自己的艺术创作中。除了观看尚先生的戏外，胡小凤在西安还看了两个戏，一是西安市狮吼剧团《三哭殿》，一是京剧《借东风》。在尚先生家学习了两个月，临别时，尚先生准备了家宴为小凤饯行，当时正是国家三年困难时期，能吃上一顿好饭实在不易。与此同时，她还有幸得到了梅兰芳、荀慧生等大师及杜近芳等表演艺术家的指教和亲授，表演上有了很大的长进。在以后的几年中，小凤在剧团领导的安排下，又先后登门向豫剧表演艺术家常香玉、崔兰田、桑振君学习，专程到河南观看阎立品、马金凤的演出等，使她在唱腔的学习上得到很大收获。

六、国庆登上观礼台

自东风剧团建团伊始，胡小凤就承担起剧团领衔主演的重任。

1963 年国庆节，东风剧团在北京演出。“十一”那天，中央警卫局送来两张观礼票，领导指定胡小凤和一位老师去天安门观看大游行。胡小凤高兴极了！那天天气很好，她们坐的专车与许多专车一起有序地停在中山公园，然后排队走上观礼台。小凤在西观礼台上，庆祝大会开始了。她高兴地想到，不管怎样，我是与毛主席一起观看北京市群众大游行。游行结束，毛主席从东边走向西边，向观礼台的人招手。当他面向西观礼台招手时，小凤和周围的人都振奋起来，大家欢呼雀跃，拼命喊：“毛主席万岁！”她真想让毛主席看见她。“毛主席呀，我就是给您演过戏的胡小凤啊！”后来她激动得泪水如泉奔涌，嗓子竟喊不出音来了。退场时，周围的人们都惊奇地看着她，因为她毕竟是个少年，竟然与这么多英模在一起。这是她第三次见到毛主席。晚上，她激动地将这一天的体会写到日记里。

从 1959 年到 1965 年的短短几年里，小凤先后主演了《虎符》、《武则天》、《打金枝》、《秦香莲》、《老羊山》、《审子辨奸》、《杨门女将》、

《宇宙锋》等豫剧传统戏，全国提倡大演现代戏以后，她先后主演了《红灯记》、《江姐》、《琼花》、《结婚之前》、《红嫂》、《丰收之后》、《红心铁女》等现代戏。同时，她主演的《虎符》、《审子辨奸》由北京电视台录像，由中央人民广播电台录音播放。

七、历尽浩劫春又归

历经“文革”十年的迫害，当祖国改革开放吹动着文艺第二个春天到来之时，胡小凤才算彻底“解放”。她在十几年后又见到了郭老和邓妈妈，也重新登上了戏曲舞台。

东风剧团恢复的第一个传统戏就是小凤主演、东风剧团的保留剧目《穆桂英挂帅》，在邯郸上演后立即引起轰动。不久又赴石家庄等地巡回演出，所到之地无不受到热烈欢迎。1978 年 6 月，郭老去世后，为表达对他老人家的怀念，东风剧团很快恢复上演了根据郭老同名话剧改编的历史剧《虎符》。小凤对如姬这一角色进行了精心刻画，亲自设计了两段核心唱腔，同时向导演提出将“盗符”由过去的暗场转移到前台。她经过反复推敲，创作出如姬盗符的一连串舞蹈，调动了舞台画面，增强了戏剧性，强化了“虎符”这一主题。每当扣人心弦的舞蹈结束，小凤将虎符高高举起，总会获得观众热烈的掌声。

1979 年，东风剧团应邀带《虎符》、《穆桂英挂帅》、《红娘》赴北京为中国科学院慰问演出。在这期间，根据胡小凤所做的艺术贡献，邯郸也给予她很高的荣誉。1978 年，胡小凤作为邯郸的优秀青年代表参加了“中国共产主义青年团第十次全国代表大会”，10 月 20 日，受到中央领导同志的亲切接见和合影。

随着经济体制改革的深入，剧团体制改革也在进行。1982 年 8 月，河南省安阳市特地来邯郸邀请小凤到安阳豫剧团辅导青年演员。初到时，小凤一心一意辅导青年，给青年演员辅导了《大祭桩》、《穆桂英挂帅》，协助他们排戏，参加河南省青年演员电视大赛并获得了优异成绩。1983 年夏季，安阳剧团携《大祭桩》、《下陈州》两个戏赴北京，请胡小凤担任主演，在吉祥剧院、长安剧院、五道口俱乐部等五个剧院营业演出引起轰动，观众场场爆满，演出中掌声雷动。《北京日报》、《北京晚报》等有关报纸纷纷载文给予评论，对小凤的艺术给予高度赞扬。北京有关专家凖、杜近芳、吴祖光、新凤霞观看演出并给予很高的评价。

1983 年底，文化局对剧团实行新的改革，剧团改革向主演领衔制转化。东风剧团经过整顿，确定了东风二团由领衔主演胡小凤担任领导。从1984年起，胡小凤带团开始了长年上山下乡演出，每年平均演出在300场以上。为了保证演出质量，为了不影响经济效益，她坚持天天演出，偶尔到农村演出场次多时才稍作休息，有时一天两场戏，还要排戏，一天下来累得全身像散了架一样，可是她不敢有半点懈怠。1988年2月，小凤率团赴河南安阳演出，再次吸引了热情好戏的安阳人，购票热成为当时热门话题。剧团演出8天，其中连续4天每天4场戏，共演出23场，创下了安阳市演出场次和演出收入的最高纪录。

1988年10月，胡小凤带团在山东冠县一带演出，轰动了方圆百十里，农民观众从四面八方涌向那里看戏，争相要看看胡小凤的模样。县委、县政府专门组织拍摄了专题片。1989年2月，胡小凤带团在新乡市演出，7天共演出21场戏，创下新乡市最高演出场次的纪录。

1988年春节，胡小凤带领剧团是在安阳度过的，大年初一开场就是三场戏，一直到初五。她的嗓子哑了，胸闷气短，半身麻木，医生认定是心肌炎复发，要她赶紧休息。她一面手握治嗓子的喷雾器，一面打着青霉素治疗心肌炎，继续登台演出。

带团的十几年里，小凤虽说没有得到更多的物质利益，却得到了艺术创作的丰收，这是她最欣慰的。

剧团的生存，不仅靠艺术质量，还需要不断地生产新剧目，以满足观众的需要。胡小凤深知剧目创作的重要性，一直在寻求适合自己的舞台剧本，她想到了《宇宙锋》。小时候，陈素真老师亲授她《宇宙锋》，使她在表演上打下坚实的基础。当时只有“装疯”、“金殿”两折，她一直想演出全剧。1985年，她找到邯郸的剧作家，将传统剧目《宇宙锋》改成一个以秦王朝宫廷斗争为背景的新编历史剧《芙蓉女》，大家集思广益，边排边改。经小凤提议，“金殿”一场，加入赵艳容借装疯提到公子扶苏，点到皇上秦二世痛处。这样把他从场上调动起来，也为小凤的身段表演和高超的水袖提供了机会，从情节到表演都更加引人入胜。剧中主人公赵艳容的唱腔，全部由小凤自己设计，她根据人物要求和自身声腔特点，创作的旋律优美委婉动听。经过和主创人员的共同创作，经过全团上下利用演出间隙的日夜奋战，《芙蓉女》终于“五一”节在新乡市和观众见面了。在新乡市公演连续5天爆满。不久，剧团回到邯郸，北京电影制片厂胡其明厂长、导演李文化、音乐温中甲、摄影关庆武一行十几人专程赶来看戏。演出结束，当即拍板拍电影。这部戏曲艺术片1987年在全国上映后，反响强烈，包括电影厂在内的许多同行交口称赞，称这是一部有相当艺术价值的戏曲艺术片。

八、豫剧北派长空飞舞

从1987年开始，胡小凤迎来了艺术创作的高峰期，佳绩连绵，硕果累累。她主演的《穆桂英挂帅》、《虎符》、《大祭桩》等剧先后由中央电视台、河北电视台录像播放；她演唱的《大祭桩》、《芙蓉女》、《审子辨奸》等唱段录制成盒式磁带全国发行；1987年荣获四省十四市豫剧中青年演员广播大奖赛一等奖；1987年荣获河北省第二届文艺振兴奖优秀表演奖，并荣立三等功；1988年荣获河北省中年戏曲演员电视大赛一等奖；1989年荣获河北省第三届文艺振兴奖优秀表演奖；1989年荣获河北省第二届戏剧节表演一等奖、唱腔设计一等奖；1990年荣获全国第二届“香玉杯”艺术奖榜首；1991年荣获“梨园杯”全国豫剧演唱广播赛金奖。

中年胡小凤

1990年，在河北省文化厅、河北省剧协的大力支持下，在邯郸地委的直接关怀和帮助下，胡小凤带团赴北京演出，申报梅花奖。这之前，她对剧目进行了认真的加工排练，准备了改编的历史剧《芙蓉女》，“胡小凤折子戏专场”，即《穆桂英挂帅》“接印”、《大祭桩》“哭楼”、“盘路”、《花打朝》“吃席”两台剧目。胡小凤率领的东风剧团二团在中国文联礼堂、北京吉祥戏院进行了演出。中国艺术研究院、中国戏剧家协会对胡小凤的表演艺术、对东风剧团的两场演出给予高度评价，先后为此召开了专题座谈会。专家们一致认为，胡小凤的表演艺术已具有较高的层次，她的艺术具有都市文化气息，形成了自己独特的艺术风格。《人民日报》、《光明日报》、《北京日报》、《中国文化报》、《文艺报》等首都报纸和电台、电视台纷纷进行了热情的报道，中央电视台、北京电视台分别对“胡小凤折子戏专场”、《芙蓉女》进行了实况录像。在北京期间，东风剧团还进行了两场重要演出。一是6月18日，进中南海向中央顾问委员会汇报演出；二是第十一届亚运会即将在北京举行，胡小凤率领东风剧团二团在北京工人俱乐部进行了义演。之后，胡小凤将演出收入全部捐献给亚运会，受到有关人士的热烈赞扬，获得荣誉证书和纪念章。1991年5月，胡小凤荣获第八届中国戏剧“梅花奖”。5月15日，邯郸地委行署迎接小凤获奖归来，举行了隆重的庆功表彰大会，决定为胡小凤记大功一次，并颁发奖金，号召全区文化界向胡小凤学习。

进入九十年代，胡小凤作为一名豫剧优秀表演艺术家已在晋冀鲁豫乃至全国产生影响，而且荣誉和佳绩不断。她先后出席了中国戏剧家协会全国代表大会，当选为中国剧协理事；河北剧协常务理事、邯郸市剧协副主席；当选为邯郸市人大代表、河北省政协委员；应邀参加全国“民进会员先进事迹经验交流会”、参加了全国“各民主党派、工商联为两个文明建设服务经验交流会”，受到党和国家领导人的接见，民进中央主席雷洁琼专门接见了她。特别是1992年12月，胡小凤应邀赴京参加了郭沫若诞辰100周年纪念活动，在纪念晚会上，主持人庞敏介绍郭老与胡小凤时，响起一片掌声，小凤怀着对郭老的深切怀念，表演了根据郭老话剧改编的《虎符》一折。

1991年，胡小凤在河北省繁荣文艺创作大会上，受到省委省政府表彰；

1993年，胡小凤荣获“今日中国豫剧十大名旦”金奖；

1998年，胡小凤主演的《穆桂英挂帅》、《大祭桩》、《樊梨花》、《秦香莲》、《打金枝》、《红娘》等6个剧目录制VCD光盘出版发行；

1999年3月，胡小凤荣获邯郸市“巾帼十杰”光荣称号；

1999年，胡小凤主演的《虎符》作为河北省优秀剧目进京，向建国五十周年献礼演出并获得好评；

1999年，胡小凤荣获第五届河北省文艺振兴奖优秀表演奖。

此时，胡小凤像郭老希望的那样，已经似凤凰一样在长空中翩翩飞舞了。

20世纪80年代，闻名遐尔的东风剧团，以其独具异彩的艺术风格和胡小凤、牛淑贤等著名演员的实力，引起戏剧专家的关注。该团演员的艺术风格具有群体性，其特点是将京剧的精美典雅和豫剧的活泼奔放相结合，形成了清新、优雅、细腻的特色。中国著名戏剧理论家郭汉城，以及原中国艺术研究院副院长、红学研究专家冯其庸、李希凡等众多专家，根据东风剧团多年来众多剧目的舞台呈现，对其称为“豫剧北派艺术”。

2008 年 8 月，邯郸市文化局承担的首次艺术科研项目——豫剧北派艺术科研工作正式启动。邯郸市戏剧界专家和东风豫剧团的新老艺人欢聚一起，召开了豫剧北派艺术座谈会，探讨豫剧北派艺术的独特魅力和深远影响。

2009 年 8 月，经有关部门批准，胡小凤豫剧北派艺术学会正式成立，聚拢了一大批文艺界知名人士和资深精英、社会名流共谋发展。胡小凤豫剧北派艺术学会，是专门培养青少年优秀艺术家杰出人才的温馨摇篮。胡小凤数年来已经收了杨喜梅、李馥菊、杨新凤等几位徒弟，在不少赛事中均取得很好的成绩，相信在大家的努力下，豫剧这个民族传统文化和胡小凤的北派艺术必将大放异彩。

作者 2006 年采访河北邯郸市东风豫剧团有关人员

2010 年参考《凤舞长空——胡小凤传》有关资料

章兰

梅花齐鲁二度红

艺术小传

个人概况：

章兰，女，1953年出生，汉族，山东郓城人，国家一级演员。现为山东省聊城市豫剧院党支部书记兼院长，著名豫剧表演艺术家，中国戏剧家协会会员，山东省戏剧家协会副主席，山东省第六届政协委员，山东省第六届、第七届和第八届党代会代表及主席团成员。享受国务院政府特殊津贴。全国文化系统先进工作者，国家级优秀专家，山东省专业技术拔尖人才，山东省十佳文艺工作者，山东省文化系统优秀专业人才，山东省德艺双馨中青年艺术家。

获奖情况：

1986年，她主演的现代戏《两娶亲》，荣获山东省文化厅“百场奖”；

1989年，荣获全国豫剧电视大赛中优秀演员奖，一举摘下了全国豫剧演员广播大赛的桂冠；

1989年，荣获山东省地方戏演员大赛一等奖第一名；

1989年，被山东省人民政府授予突出贡献奖；

1991年，荣获《梨园杯》全国豫剧演唱大赛金奖；

1991年，荣获山东地方戏比赛表演一等奖；

1992年，荣获第十届中国戏剧梅花奖；

1993年，荣获“今日中国豫剧十大名旦”金奖；

1995年，荣获文化部珠穆朗玛优秀演员奖；

1996 年，荣获中华全国戏曲新歌大赛大奖；

2005 年，主演《长青街》，参加山东省第八届文化艺术节，荣获表演一等奖；

2009 年，主演《大明贤后》，第二次摘得中国戏剧梅花奖；

2010 年，主演《大明贤后》，参加第九届中国艺术节，获 2010 年文华表演奖。

代表剧目：

《陈三两爬堂》、《三上轿》、《大祭桩》、《苗郎审爹》、《路边店》、《大明贤后》等。

艺术特色：

章兰的嗓音甜润宽厚，音色清亮，行腔自然流畅；唱腔舒展大方，华丽柔美，高亢激昂，刚健清新，韵味无穷；她的表演洒脱飘逸，含蓄逼真；具有功底厚、造型美、做工细、感情足四大特色。

艺术人生

一、梨园小丫 7 岁红

章兰出生于梨园世家。她的父亲章兆麟是著名的花脸演员，唱腔高亢激昂、气韵铿锵，人称“平原一声雷”，是鲁西一带有名的山东梆子大黑头。是遗传也是薰染，在锣鼓声中长大的章兰有着极好的禀赋，3 岁学戏像模像样；7 岁登台赢得赞扬；偶然的机会，一场《黑风瀑》获得观众满堂喝彩，虽说还嫌稚嫩，但她超人的表演才能使她如一株兰花在观众心里洒下淡雅的清香。11 岁饰演《朝阳沟》王银环，声名鹊起；13 岁就在剧团挑起大梁。

1964 年，11 岁的章兰正式拜豫剧著名演员马宝珍和武功教师李明才为师，从此，她一个山东梆子著名演员的子弟，正式成为了豫剧演员。马宝珍是章兰唯一的“磕头”老师，她是河南开封人，在豫剧艺术上有很高的造诣。在她那里，章兰开始系统地学习豫剧表演。马老师对章兰十分严格，一招一式、一个发声都容不得有丝毫马虎。而章兰聪明伶俐又乖巧懂事，也严格按照老师的教导去做，直到把每句唱腔、每个动作

章兰在《花木兰》中饰花木兰

练得十分纯熟到位。如今谈到马宝珍老师对自己的帮助，章兰动情地说，“我之所以能在豫剧的咬字发音上最终得到豫剧之乡——河南当地的肯定，跟马老师的细心教导是分不开的。”

“冰冻三尺，非一日之寒”。章兰参加工作后，先后在寿张县梆子剧团、莘县豫剧团、邯郸豫剧团工作，得到极大地锻炼。

1976 年，章兰调到莘县豫剧团工作，开始了四年的“艰苦磨练”。开始时她出演的主要还是现代戏，如《朝阳沟》、《李双双》、《人欢马叫》、《刘胡兰》等。时值文化大革命结束，“四人帮”被粉碎，传统戏得到解禁，戏剧舞台迎来了“百花齐放”的春天。由于当时章兰没有系统地学过传统戏，在剧团的传统戏里只能出演一些小角色。后来，章兰在马宝珍老师手把手的教导下，开始学习传统戏《花木兰》。谈到这段经历时，章兰告诉记者，当时马老师一再对自己说，要学好“水袖”，她虽然嘴上没有反驳，但心里却满不在乎：水袖有什么难的？而事实证明，舞好“水袖”不容易，“水袖”里的真功夫也不是一两年就能学“精”的。

在马宝珍老师的悉心教导下，一个多月后，章兰首次出演《花木兰》，全场轰动。此后除却章兰，剧团无人再演“花木兰”，章兰成为剧团里当之无愧的“台柱子”。

1984 年，章兰告别了邯郸豫剧团，回到了聊城市豫剧团。她告诉记者，“父亲退休了，需要人照顾，况且我的家乡在聊城，我也想为家乡做贡献”。

1986 年，她主演了现代戏《两娶亲》，获得山东省文化厅“百场奖”，被山东省电视台录制搬上荧屏，山东人民广播电台也播出了录音剪辑。她在该剧中扮演主人公高秋菊，给观众留下了美好的记忆。山东省电视台还为她拍摄了题为《锲而不舍、金石可镂》的专题片。

1987 年剧团改革，她勇挑重担，担任业务副团长兼主演。她以剧团小戏校的学员为班底，重新编排了《陈三两》、《穆桂英挂帅》、《三上轿》、《三拂袖》、《白蛇后传》等戏剧，使豫剧团走到哪里火到哪里。在戏剧舞台极不景气的情况下，率领剧团长年深入基层工矿农村，坚持“二为”方向和“双百”方针，走出一条勇于改革、文企联姻、立足农村演出的生存之路，每年演出 300 多场，经济收入连年递增，取得了较好的社会效益和经济效益，使当时面临解散的剧团呈现出一派生气盎然的可喜景象。

1989 年，她在全国豫剧电视大赛中荣获优秀演员奖，一举摘下了全

章兰在《孟丽君》下集饰皇帝

国豫剧演员广播大赛的桂冠。同年她在全省地方戏演员大赛中被评为一等奖的榜首，在戏剧界有了一定知名度。

1989年，著名剧作家刘桂成为豫剧团写了一个剧本，名叫《路边店》。看完剧本后，章兰暗暗叫好，她要马上排演这出戏，并且请来河南省的著名女导演李雁执导，章兰在戏中出演女主角崔秀芬。不久，她将一个善良、贤惠的儿媳形象搬上了舞台。此戏一出，立刻引起了各方轰动，一年就演出了百余场。章兰塑造的崔秀芬因善良、孝顺、贤惠而深受广大观众喜爱。

1992年，山东省组织四出戏进京汇报演出，这其中就有章兰主演的现代戏《路边店》。章兰的精彩表演很快轰动了京城，30多家媒体对章兰的表演都给予了很高评价，称她是“小剧团”的“大演员”。同时，章兰的表演也赢得了戏剧专家的好评，他们纷纷表示要给章兰评中国戏剧梅花奖，但当时山东报送的梅花奖名单中并没有章兰。于是，梅花奖的评委会打破惯例，评选章兰为第十届梅花奖得主！对于章兰来说，这是做梦也想不到的一件大喜事！同年10月，章兰又获得了国务院政府特殊津贴。自此，章兰的名气迅速飙升，成为全国豫剧知名演员。

成名后，她并不骄傲，还是一贯的谦虚朴素，聪慧好学。她从不以主演自居，对艺术笃诚至致。演过百遍的戏，再排练，仍是全部做出，如同演出。她对戏锲而不舍，《陈三两爬堂》先后6次修改，《三拂袖》屡做大变，唱腔都由个人设计。章兰记忆超人，看过一遍新戏即能背唱大概。但更有苦练之志，为练《李慧娘》跪地转动作，曾磨破三条裤子。生活中，她话不多，不善交际，本分贤良，性情内向。数年来，她主唱正旦、闺门旦，兼工帅旦，反串小生。曾演出50多出剧目，正是对艺术一往情深的执著追求，使得她在戏曲舞台上脱颖而出，成为一颗令人瞩目的璀璨明星。

二、博采众长化章韵

章兰，以文戏的唱与做为主，尤其唱腔更为精美，以致成为她表演艺术中观众始终不移的审美重心。艺术不是孤立的，在她那令人倾倒的演唱中，积淀着她深厚的艺术修养和艺术思想。

人们知道，豫剧有五大名旦，她们的流派旗帜赫然飘展于剧坛。作为身处聊城以旦行为业的章兰，凭她的艺术天赋，完全可以依附某一流派，借师之名和流派之光，扶摇直上。况且20世纪八十年代拜师挂派风潮席卷梨园。然而章兰却另取路径，对云集在豫剧大本营河南之地的前辈名家们，由衷敬服，利用一切机会，跟踪潜学。她几乎买全了她们的录音带和光盘，反复揣摩，但她没有以某派做圭臬，而是始终卓然自立，广采博取，走自己的路。

在剧目上，冲破流派疆限，兼演名家代表作。常香玉的《花木兰》，陈素真的《三拂袖》，崔兰田的《三上轿》，马金凤的《穆桂英挂帅》，阎立品的《秦雪梅》等代表作，她都演。但又不恪守她们的路数，更不仿效她们的唱法，而是根据自己的条件和理解，吸收她们的长处，演出自己的样子。在这里，她没有某些流派演员，亦步亦趋唯恐走样的心理负担，而是放开手脚，任我变通。且举两个大家熟知的唱段为例：

章兰在《孟丽君》上集饰孟丽君

章兰在《三上轿》中饰崔金定

常香玉《花木兰》“刘大哥说话理太偏”一段，章兰在唱这段时，旋律大体未变，但在唱法上却是自己的特色，全段轻重缓急收放突出显势。如“理太偏”“偏”的俏收，“到边关”“关”的下滑，“女英雄”“雄”鼻音的加重，都很突出。末句“哪一点不如儿男”的“男”伸得幅度较大，先扯散，拉长，最后豁然放开。

马金凤《穆桂英挂帅》“辕门外三声炮如同雷震”一段，章兰前段唱得节奏沉缓；中间“刀劈王伦”一段，重“顿”与“提”的对比；后八句，字字含愤，格外有力；尤其最后“我不杀安王贼我不回家门”的“门”，做了新处理，两次翻高，先稳后放。全段层递加紧，唱足了英雄之气。

当然，作为豫剧后生的章兰，不能比肩于前辈巨擘，但她继承前辈的演唱艺术，又做出自己的处理，体现出自己的特点，且为观众所接纳欢迎，这是不易的。没有独立的艺术精神，没有相当的功力，是做不好这一步的。

实践证明，章兰的路走对了，她的独立的创作精神，孕化为她那华丽娟秀、章清韵透的演唱风格。

章兰的唱，有口皆碑。她生就了一副甜美而有气韵的好嗓子，且驾驭自如，有声静韵透之美。豫剧的唱多有紧梆急弦，奔放高亢，她唱来，既有力度，又无躁气，有高腔的韵之美。至于低腔的婉转，就更在掌握之中。豫剧多有滑音、颤音。章兰的唱，用得多而显。滑音求其清爽，颤音求其快捷。吐字上，她既有轻俏，又有凝重，掷地有声。

章兰演唱特色，集中于她的代表作《陈三两爬堂》一剧。该剧唱腔，辗转多姿，糅合了曲剧、越剧、黄梅戏等唱法，令人耳目一新。当今戏剧大家张庚在北京看了该剧后，直夸道“我看了那么多《陈三两爬堂》，章兰的最好”。

三、齐鲁大地儒雅风

把章兰放在当今豫剧同龄人旦角名家中，更显出她的特色与位置。

1993 年，豫剧界选出今日中国豫剧十大名旦，这一批旦角名家，是继豫剧“五大名旦”之后的又一批旦角精粹，代表了当今豫剧旦角的最高水平。这一批旦角演员，在时代风尚孕育下，形成了共同的群体特色，这就是在表演方面，较之老一代艺术家更注重情势，艺术氛围和节奏更紧凑、更凸显，与观众交流更直接，更有撞击力。这一特色更明显地体现于河南的几位旦角名家上，如张宝英、王清芬、虎美玲、菅爱梅、陈淑敏、马莉、朱巧云、李金枝等，都具有情感饱满、声腔淋漓之美。河北的牛淑贤、胡小凤，湖北的李喜华，也向这方面有较大倾斜。

与她们相比，章兰演唱特色却显得内敛，有敦厚之气。当然，在唱到激愤时，章兰也做得情满势足，胸音厚实，但由于她嗓音的韵气，这股厚实的渲放，仍有一层沉而韧的东西。总的来说，章兰的演唱，细婉蕴藉的特点多一些，这是她与其他旦角名家在演唱风格上的差别。这一差别，不存在艺术上的高下之别，只是不同的地域文化长期滋润的结果。

山东是儒文化的发源地，传统的儒教之风，较之河南、河北及其他地区更为浓重。在这股儒风浸染下形成的妇女性格自有特色，即山东妇女较之其他地区的妇女更敦厚内守，不像河南妇女那般说话大腔大口，性情朴素畅快。山东地域性的人文特色，无形中影响着祖居山东的章兰，况且，她本人性情也是温良敦厚型。因此，虽然同属豫剧旦角，但章兰终有自己的特点。

章兰的演唱，较之前辈，呈显像；较之同龄人，又呈隐态。这除了与地域文化、时代风尚、个人性情、嗓子天赋等因素有关外，还与她的艺术观念相关：她始终以朴素自然，收放有度，隐露相济，变中求美，作为追求的艺术理想。难怪著名豫剧编导杨兰春在看过章兰戏后深情地说："章兰可以自成一派了！"

四、不畏崎岖登高峰

著名豫剧表演艺术家章兰，在戏剧舞台上已度过五十多个春秋。她五十多年如一日，勤奋好学，顽强拚搏，广撷众多名家之长，从"唯法是用"的模仿阶段，攀升到了"化法于艺"的艺术境界，形成了自己独特的表演艺术风格，在戏剧事业上不断取得新成就，成为中国戏剧舞台上一颗耀眼的明星。

这一路走来虽然崎岖不平，她却以坚强的毅力，向着目标一步步地攀登前行。

1992 年她带着由她主演的现代戏《路边店》和传统戏《陈三两爬堂》，进京在首都吉祥剧院、国防大学演出，一时轰动京城。

1995 年她带着现代戏《冰山雪莲花》，参加了中央庆"七·一"孔繁森之歌大型文艺晚会，受到江泽民、胡锦涛、李鹏、乔石等党和国家领导人的亲切接见。《人民日报》、《光明日报》等 30 多家新闻媒体刊登了消息、剧评和剧照。为剧团跨越发展打下了良好的基础。

2005 年与检察院合作，创作排演了一出大型预防职务犯罪警示教育剧《长青街》，在社会上引起了强烈反响，并参加了山东省第八届文化艺术节，获表演一等奖。

2005 年 8 月，聊城豫剧团改为豫剧院，章兰担任院长兼党支部书记，尽管肩上的担子更重了，但章兰始终把艺术放在首位，正确处理好行政事务与艺术之间的关系。

2006 年 5 月份，聊城市豫剧院在章兰的带领下，排演了一出由山东省著名剧作家刘桂成编剧、著名导演陈贻道执导、河南省《梨园春》音乐总指挥赵国安设计唱腔、著名舞美设计师梁益强任舞美设计的大型新编历史剧《大明贤后》。

章兰在《陈三两爬堂》中饰陈三两

章兰在《大明贤后》中塑造了一个质朴贤德、心系天下的“大脚马皇后”形象。明朝开国皇帝朱元璋和皇后马秀英都是农家出身，虽位高权重，却带着农民质朴、爽直的根性。一天朱元璋偷偷溜出金銮殿斗鸡，碰巧被马皇后撞见，吓得把鸡藏到了龙袍里，结果把鸡闷死，洋相百出。老年后的朱元璋变得刚愎自用，大肆诛杀功臣，搞得人人自危。为救忠臣宋濂和江山社稷，马皇后巧借皇帝踏青之际，和翰林谢缙冒死奏本，终于使朱元璋幡然醒悟大赦天下，并成全了女儿和谢缙的婚事。“大脚马皇后”这个形象在电视剧中被多次塑造，观众相对熟悉，章兰为让自己的表演准确、有突破，花了不少工夫：“写马皇后的书我是一本接一本地看。发现问题就赶快和编剧、导演交流。观众越是熟悉，表演就越要精湛。”

经过一番苦磨，这部戏中的马皇后更加丰满：“我们这个戏是一个轻喜剧，塑造的人物角色也是特别贴近生活的。马皇后一方面具有传统中国女子的美德，温良贤淑，而另一方面又具有一个皇后母仪天下的威严与泼辣。”说到这部戏的看点，章兰这么认为：“最让人觉得生动的是，她做了几十年农妇，又成了皇后，难免有点转不过弯。经常还是以一个农妇的身份说话办事，突然又反应过来自己是个皇后了……这种诙谐中讲述历史故事的形式会使观众喜欢的。”

果然，《大明贤后》先后被山东省委宣传部评为“精品工程奖”，被中国剧协、中国文联评为优秀剧目，参加了第十届中国戏剧节展演。全国参加评选的100多台戏评出30台参加展演。《大明贤后》获优秀剧目奖；章兰同志获优秀表演奖。聊城市委、市政府给她个人荣记二等功一次。

2009年6月份，章兰又带《大明贤后》参加了文化部在山西太原主办向祖国汇报——庆祝中华人民共和国成立60周年第三届全国地方戏优秀剧目（北方片）展演。在强手如林的激烈竞争中，章兰德艺双馨、技压群芳，获得第24届梅花奖，成为二度梅得主。中国戏剧梅花奖是中国戏剧艺术的最高奖，能捧一次梅花奖杯的戏剧演员，在全国已是寥若晨星，迄今为止，自中国戏剧奖——梅花奖设立近30年来，荣获此奖在全国也不过28位。章兰以实际行动为山东、为聊城争得了荣誉，为促进戏剧事业的发展做出了贡献。

章兰在《穆桂英挂帅》中饰穆桂英

2010年5月22日，她又带着《大明贤后》剧目参加了文化部在广东举办的第九届中国艺术节，在东莞塘厦演艺馆，演员入戏、观众入迷，125分钟新编历史轻喜剧《大明贤后》在演出现场反响热烈，欢声雷动，掌声不断，一举获得“文华优秀剧目奖”，她本人获得2010年中国文化艺术政府奖——“文华表演奖”。实现了山东省在参获“文华表演奖”和“文华优秀剧目奖”方面零的突破。

五、齐鲁大地梆子腔

章兰有比较强的参政能力，是山东省第六届政协委员、山东省第六、第七、第八届党代会代表。期间，她对聊城文化发展、社会发展等方面提出了很多有见地的提案。她模范遵纪守法，保持清正廉洁，发扬艰苦奋斗精神，自觉拒腐防变，坚决反对消极腐败现象；坚持和维护民主集中制，作风民主，顾全大局，善于团结同志。政治坚定，坚持正确的政治方向，认真学习贯彻执行党的基本理论、基本路线和各项方针政策。

她具有高尚的职业道德和敬业、爱岗的奉献精神，她对艺术精益求精，执著追求，她主演的剧目常演不衰，深受广大观众的喜爱，在晋冀鲁豫乃至全国有较高的知名度，先后被中央电视台、中央广播电台、齐鲁音像出版社录像录音，并制作成盒式磁带和光盘，向全国公开发行和播放。她自获得第十届中国戏剧梅花奖、今日中国豫剧十大名旦金奖之后，2001年被评为山东省文化系统优秀专业人才；山东省德艺双馨中青年艺术家；2002年，她积极带领剧团参加了江北水城（聊城）文化旅游节的演出，被评为先进个人；2003年4月，她荣幸参加了全国梅花奖得主在北京人民大会堂隆重举行的20周年庆祝活动；在首届牡丹杯中国地方戏曲名家展演中获优秀表演奖。长期以来，她积极参与各项公益活动，多次参加中央电视台、山东省电视台举办的“心连心艺术团”赴革命老区和西藏慰问演出，不计报酬。在“5．12”四川汶川大地震中，她踊跃捐款、主动交纳特殊党费，把自己平时省吃俭用节省下来的积蓄献给灾区人民。在婆婆患病期间，她不嫌脏不怕累，一把屎一把尿地精心照料，做到了孝老爱亲，夫妻和睦，邻里团结。她所居住的小区没有清洁工，她就经常主动地打扫楼道卫生，受到小区居民的称赞。2004年7月她又荣幸地被评为全国中青年德艺双馨文艺工作者。同时中央电视台戏曲频道播放了由山东省文化厅主办摄制的大型艺术片《齐鲁梅林花盛开》个人专辑，展示了她的从艺经历、艺术成就、艺术风格和拼搏精神。2005

章兰在《大明贤后》中饰马皇后

年11月份，她带领豫剧院为庆祝新疆维吾尔自治区成立50周年，赴新疆乌鲁木齐、石河子市进行了慰问演出，受到中共中央政治局委员、新疆维吾尔自治区党委书记王乐泉同志的热情接待并合影留念。

如今聊城市豫剧团是成长在鲁西这块沃土上的一枝梨园奇葩。悠久的历史，严谨的台风，精湛的演技，受到了晋冀鲁豫周边地市广大观众的拥戴和喜爱。形同兄妹的人际关系和团结战斗的优良团风，使聊城市豫剧团形成了勤学苦练、博采众长的良好风气。一个仅有65人的剧团，却拥有中级以上的演员29人，其中国家一级演员1人，国家二级演员4人，中级演员24人。在著名豫剧表演艺术家章兰的率领下，聊城市豫剧团认真贯彻落实“二为”方针，1991年被山东省文化厅授予“先进剧团”荣誉称号。1995年9月，章兰女士随中央代表团艺术团，参加了西藏自治区成立30周年庆祝活动。近几年中，章兰同志曾先后三次受到江泽民、李鹏、朱熔基、李瑞环、胡锦涛等党和国家领导人的亲切接见，从此，奠定了她在中国戏剧界的名望和地位。

在50余年的艺术生涯中，章兰勤奋好学，博览群书，广泛吸收众多名家之长，形成了自己独特的表演艺术风格。在多年的舞台生涯中，她先后塑造了《陈三两爬堂》剧中的陈三两，《三佛袖》剧中的蒋芩心，《三上轿》剧中的崔金定，《穆桂英挂帅》剧中的穆桂英，《花木兰》剧中的花木兰，《大明贤后》中的马皇后等40多个有血有肉、栩栩如生、惟妙惟肖的艺术形象。是身居地市级豫剧团中唯一获得两次梅花奖和文华表演奖的著名豫剧表演艺术家，其艺德艺技令人敬佩。

章兰，如今正值知天命的时候，也正是枫叶红了的时候。愿章兰继续发扬独立不羁的艺术精神，用她那精美的声腔艺术，唱出更美的旋律，塑造出更多的艺术形象。

作者2010年10月采访章兰于山东聊城
2010年11月再次电话采访
插图照片由章兰提供。

后记

缘 分

雷桂华

一、传记缘

生活就像一条河，人生就如那涓涓流水，虽然大家的终极目标一致，但是流过的途径却不尽相同。有的是自己开渠修坝，让流水聚集，沿着一定的路线走；有的是任随水流从西到东，从高到低，走哪算哪，直到枯竭为止。我大概过的是后一种人生，随波逐流，任凭生活载着我前行。

少年时，我曾想当个画家，却学了中文；毕业后到创作组工作，想当一个小说作家，却被告知要写剧本；二十多年来，没有写出什么好的剧本，却无意中写了几十位艺术家的报告文学。这些艺术家有书法家张海、画家韩富华、电影演员卢奇、电视剧导演陈胜利、剧作家张锡荣等。其中写得更多的是戏曲演员，最著名的是豫剧大师常香玉，最年轻的是《梨园春》金牌擂主孙帅。为什么要写他们呢？一是受出版社、杂志社、报社之邀写作；二是我有条件接触这些艺术家，正好又有那半瓶醋的文字功底，于是社会就成就了我这样一个所谓的传记作家。

二、演员缘

这次河南大学出版社通过一位杂志社主编朋友找到我，想请我写一写1993年河南举办的“今日中国豫剧十大名旦”选拔赛金奖得主的艺术人生和传略。刚开始，我比较为难，一是当时那个活动我没参加，没有亲身体会；二是我正在参加单位的一个全国性豫剧调研，没有时间。出版社王四朋主任告诉我，不是让你写活动，而是请你写这些人的成就和人生，金奖得主只是界定了一个范围，与活动是无关的。至于时间紧，就看你与她们有没有接触和积累。我拿过名单一看，心里轻松了。原来，这十二个金奖得主中，其中有十个我都与她们有交往，看过她们的戏，大部分都曾采访过，有的还是好朋友。只有两个是特殊情况，一个是退休十余年远在云南养老的马莉老师，我们从未交往过，这次通过齐飞老师联系，我用电话对马老师进行了采访，巧的是她原来的名字和我同名，现在的名字是杨兰春老师替她起的艺名，而且我曾经看过她三个新创作的剧目，其中有两个戏仅仅演过两三场，竟然我都看过，这些缘分拉近了我俩的距离，相谈甚洽，非常顺利；另一个是阎派弟子英年早逝的湖北豫剧演员李喜华，虽然人间已经无缘采访，巧的是她在河南最后一次完整地演出《秦雪梅》，我正好观看了全剧，当时很为她的演唱折服，还与同时在场观看的相声演员范军交流了几句，对李喜华的艺术有亲身的体会，这样加上到她朋友处采访，也能写上一段。这两个金奖得主的问题一解决，其他人的事就迎刃而解了。于是我利用一切业余时间到焦作、到剧团、到演出场所，像一只嗅觉灵敏的警犬一样，紧紧沿着十位名旦的行动轨迹深入采访，力争得到第一手准确的资料和信息。在她们的配合下，我终于在一个多月的时间完成了采访。可以说，是我与演员们的缘分，帮助我在这么短的时间内完成了写作任务。

三、农民缘

我虽然出生于书香门第，但由于那个年代，我从13岁到19岁在上大学前的六年间，我都断断续续地在农村生活，所以与农民有着深厚的感情，在骨子里我觉得自己就是一个农民。因为少年是影响人一生的关键时刻，我的身上和笔下不可能不沾满泥土气息。出版社这次出书是为农民服务，是为了充实农村书屋，能受邀为他们写书，我是欣慰的，也是义不容辞的。为此，我感谢河南大学出版社给我这样一次为农民服务的机会，我也感谢我就职的河南省艺术研究院给我提供了平台，使我在多年的工作中有机会接触到演员，和她们交上了朋友，为这次采访积累下了人脉和经验。为农民介绍艺术家的奋斗人生，是为了丰富农民的文化生活，同时在写作的过程中，我也得到很多人生的启迪和感动。

需要说明的是，从采访到撰稿成书，只有两个多月时间。我在正常上班情况下，利用了每一个夜晚和节假日进行写作，虽然顺利完成了任务，但是离文稿的精益求精还有很大的距离，欢迎广大读者和业内同仁给予批评和指教，不胜感激。最后，感谢在撰稿过程中所有给予帮助的老师和朋友，并祝愿出版社编辑老师在新的一年里，为农民朋友提供更多更好的作品。

2011年1月

打造精品图书　竭诚服务三农

河南大学出版社

读者信息反馈表

尊敬的读者：

感谢您购买、阅读和使用河南大学出版社的____________________一书，我们希望通过这张小小的反馈表来获得您更多的建议和意见，以改进我们的工作，加强我们双方的沟通和联系。我们期待着能为您和更多的读者提供更多的好书。

请您填妥下表后，寄回或发 E－mail 给我们，对您的支持我们不胜感激！

1. 您是从何种途径得知本书的：

   □书店　□网上　□报刊　□图书馆　□朋友推荐

2. 您为什么决定购买本书：

   □工作需要　□学习参考　□对本书感兴趣　□随便翻翻

3. 您对本书内容的评价是：

   □很好　□好　□一般　□差　□很差

4. 您在阅读本书的过程中有没有发现明显的错误，如果有，它们是：

   ____

   ____

5. 您对哪一类的图书信息比较感兴趣：________________________

   ____

6. 如果方便，请提供您的个人信息，以便于我们和您联系（您的个人资料我们将严格保密）：

   您供职的单位：________________________

   您教授的课程（老师填写）：________________________

   您的通信地址：________________________

   您的电子邮箱：________________________

请联系我们：

电话：0371－86059712　0371－86059713　0371－86059715

传真：0371－86059713

E－mail：hdgdjyfs@163. com

通讯地址：450046　河南省郑州市郑东新区 CBD 商务外环路商务西七街中华大厦 2304 室

河南大学出版社高等教育出版分社